DROIT
DU FINANCEMENT

Cheikh Abdou Wakhab NDIAYE

DROIT DU FINANCEMENT

Préface de Maître Serigne Amadou Tamsir NDIAYE

Sénégal
L'Harmattan

Du même auteur

Droit sénégalais des contrats immobiliers (L'Harmattan-Sénégal, 1ère éd. 2017 et 2e éd. 2020) ;
La jurisprudence sénégalaise en matière immobilière (L'Harmattan-Sénégal, 2020) ;
Droit des entreprises individuelles (Droit commercial général) (L'Harmattan-Sénégal, 1ère éd. 2018 et 2ème éd. 2020) ;
Droit des sociétés de capitaux (L'Harmattan-Sénégal, 1ère éd. 2019 et 2ème éd. 2021) ;
Le transfert électronique de fond - Le transfert rapide d'argent et la monnaie électronique (L'Harmattan-Sénégal, 2018).

10 VDN, Sicap Amitié 3, Lotissement Cité Police, DAKAR

senharmattan@gmail.com
senlibrairie@gmail.com

ISBN : 978-2-336-54309-3
EAN : 9782336543093

À C. M. F. Ndiaye,
S. F. Ndiaye et C. C. N. N.

« L'idéal pour nous serait de nous replacer dans la même situation que les grands penseurs d'Occident qui ont marqué par leurs travaux leur époque parce qu'attentifs précisément aux problèmes de leur société ».

Abdel Kader BOYE,
Conclusion du colloque « Droit, Morale et Société »,
Revue sénégalaise de philosophie, n° 7-8, janv./déc. 1985, p. 221.

PRÉFACE

Le financement est au cœur de toute activité économique. Qu'il s'agisse de créer une entreprise, de la développer ou simplement de la faire fonctionner au quotidien, l'accès aux ressources financières est un enjeu majeur. Pourtant, pour de nombreux entrepreneurs, l'obtention de financements reste un véritable parcours du combattant.

C'est ce défi que le professeur **Cheikh Abdou Wakhab NDIAYE** *aborde dans cet ouvrage. Son expertise et sa vision transversale du droit en font une référence incontournable. Il n'est d'ailleurs pas surprenant qu'il soit un membre essentiel du jury du concours d'accès à la profession de notaire. Son engagement et ses recherches ont largement contribué à moderniser le notariat sénégalais en intégrant des enjeux contemporains comme la finance islamique, le financement participatif et le financement par le droit des sociétés.*

Dans cet ouvrage, l'auteur met en évidence une réalité frappante : ***97 % des entreprises au Sénégal évoluent dans l'informel****, ce qui limite leur accès aux financements classiques. Pour pallier cette difficulté, de nombreux entrepreneurs se tournent vers des solutions alternatives : tontines, micro-crédit, prêts familiaux. Pourtant, ces mécanismes restent souvent mal encadrés juridiquement. C'est là que cet ouvrage prend tout son sens : il offre un éclairage essentiel sur ces modes de financement et propose des solutions adaptées à nos réalités économiques.*

L'ouvrage est structuré en ***cinq chapitres****, chacun traitant d'un aspect fondamental du financement :*

- ***Le financement locatif****, qui explore des solutions comme le* **prêt d'argent, les business angels, la tontine, la location mobilière, le crédit-bail, le bail à construction et le bail à réhabilitation**.

- ***Le crowdfunding****, ou financement participatif, qui ouvre de nouvelles perspectives en permettant aux entrepreneurs de lever des fonds directement auprès du public.*

- ***La finance islamique****, qui propose des alternatives aux financements conventionnels tout en respectant les principes de la Charia.*

- ***La vente comme moyen de financement****, un outil souvent sous-estimé mais essentiel pour garantir la pérennité des activités commerciales.*

- ***Le financement par le droit des sociétés****, qui encadre les levées de fonds et l'organisation des capitaux propres.*

En tant que ***notaires****, nous sommes au cœur des opérations de financement. Nos missions ne se limitent pas à l'authentification des actes, mais englobent également l'accompagnement des entreprises et des particuliers dans la sécurisation de leurs engagements financiers. Cet ouvrage revêt une importance particulière pour notre profession, car il met en lumière des instruments de financement qui nécessitent une structuration juridique rigoureuse.*

Le ***financement locatif****, par exemple, constitue un outil majeur dans les stratégies d'investissement immobilier. Les mécanismes comme le* ***crédit-bail, le bail à construction ou le bail à réhabilitation*** *doivent être parfaitement encadrés pour assurer la sécurité juridique des transactions. Cet ouvrage offre une analyse précieuse de ces dispositifs et permet aux notaires de mieux conseiller leurs clients sur les différentes alternatives existantes.*

De même, la montée en puissance du ***crowdfunding*** *et des* ***business angels*** *exige une adaptation du cadre juridique. L'ouvrage de Cheikh Abdou Wakhab NDIAYE apporte un éclairage essentiel sur la manière dont ces nouveaux modes de financement peuvent s'inscrire dans notre système juridique et quelles garanties peuvent être mises en place pour sécuriser les investissements.*

La ***finance islamique****, quant à elle, occupe une place croissante dans l'économie sénégalaise et africaine. Pour les notaires, la maîtrise des contrats conformes à la Charia est devenue incontournable, que ce soit pour des opérations de* ***Mourabaha, Ijara ou Moudaraba****. Ce livre constitue ainsi une référence précieuse pour mieux appréhender ces dispositifs et leur mise en œuvre dans la pratique notariale.*

Enfin, le financement des entreprises par le ***droit des sociétés*** *est un aspect fondamental de l'activité notariale. En tant que rédacteurs d'actes et conseillers juridiques, nous devons accompagner la structuration des entreprises et la sécurisation de leurs sources de* *financement. Cet ouvrage nous offre des outils d'analyse pertinents pour mieux cerner les enjeux du financement des entreprises et proposer des solutions adaptées aux entrepreneurs.*

Au-delà des notaires, cet ouvrage s'adresse ***aux avocats, juristes, magistrats et à tous les praticiens du droit*** *qui s'intéressent au financement des activités économiques. Il constitue un outil de travail essentiel pour quiconque cherche à comprendre les défis du financement et les solutions qui s'offrent aux acteurs économiques.*

C'est avec un grand honneur que je salue ce travail et son auteur, dont l'apport au notariat et au droit du financement est indéniable. Je recommande vivement cette lecture à tous ceux qui souhaitent mieux comprendre les enjeux du financement et la manière dont le droit peut y apporter des réponses adaptées.

Maître Serigne Amadou Tamsir NDIAYE

Notaire Associé et Chef du Pôle Crédit

SCP NDIAYE DIAGNE DIALLO ET NDIAYE

INTRODUCTION

1.- Le financement est pour l'entreprise un processus essentiel si elle veut se développer, mieux produire ou s'intégrer plus rapidement dans de nouveaux marchés. C'est une étape incontournable tant pour la réalisation des projets de développement que pour la satisfaction des besoins spécifiques de l'entreprise[1]. « On ne peut devenir entrepreneur qu'en devenant auparavant débiteur. Le premier besoin de l'entrepreneur est un besoin de pouvoir d'achat. Avant d'avoir besoin de biens quelconques, il a besoin de pouvoir d'achat »[2].

Pour peu que l'on admette que le développement nécessite des investissements et donc des financements, une stratégie de croissance accélérée passe nécessairement par des investissements productifs[3]. Une telle réalité ne pouvait être ignorée par le droit.

2.- « Le contenu du droit n'est jamais gratuit, jamais accidentel, jamais insignifiant »[4]. Sans conteste, le droit doit toujours répondre à un but[5] ; mais lequel ? La divergence des écoles de pensée sur la finalité du droit ne date pas d'aujourd'hui. Au gré des courants, elle oscille entre la justice[6], une fin individuelle[7] ou un intérêt collectif[8]. L'extrême diversité des fins possibles du droit révèle une constance : il doit satisfaire un objectif.

---

1 A. TONYE, *Pratique juridique des financements structurés en Afrique*, L'Harmattan, 2010, p.9.

2 J. A. SCHUMPETER, The Theory of Economy Development, Oxford University Press, London 1969, p. 70, cité par A. A. DIENG, *Le rôle du système bancaire dans la mise en valeur de l'Afrique de l'Ouest*, NEA 1982, p. 33.

3 R. NORD, « Le défi du financement dans les pays en développement », in Quel secteur pour le financement des économies de l'UEMOA ?, L'harmattan, 2011, p. 23 : « un système financier sain et efficace est indispensable à la réalisation d'au moins trois grands objectifs de politique économique et sociale : la croissance économique, la réduction de la pauvreté et la stabilité macroéconomique ».

4 J.-L. AUBERT, *Introduction au droit*, Que sais-je, PUF, 1ère éd., 1979, p. 16.

5 V., B. OPPETIT, *Philosophie du droit*, Précis Dalloz, 1ère éd., 1999, p. 28.

6 Le droit c'est la recherche de la justice.

7 Le droit est perçu comme correspondant à un ensemble de règles de conduite.

8 Pour une présentation et une synthèse du débat doctrinal, V., B. OPPETIT, Philosophie du droit, op. cit., p. 28 et s.

« Dans l'Afrique émancipée, droit et politique ne peuvent être dissociés »[9]. Il serait ainsi imprudent et peu réaliste de négliger le rôle important que peut jouer le droit dans le développement de l'Afrique, du Sénégal. En effet, comme le souligne M. SYLLA, « dans des sociétés désireuses de former une société nouvelle – une société développée pour parler le langage consacré – le droit nous apparaît comme un élément essentiel de changement social »[10] car, de par sa nature et sa mission, il assure la stabilité et le progrès des sociétés qu'il régit[11].

Le droit ne devrait ainsi être considéré comme quelque chose d'immuable et quasi-sacré. Son élaboration ne doit pas consister à imiter servilement les systèmes juridiques étrangers. « Une nation qui cherche à fixer les conditions de sa vie et de son développement est appelée nécessairement à constituer un droit nouveau ou, en tout cas, un droit en parfaite harmonie avec ses aspirations profondes »[12]. Le droit doit ainsi « être étroitement lié à la programmation du développement »[13].

Le droit du développement, qu'il faut se garder de confondre avec le droit au développement[14], est une technique juridique et un ensemble

---

[9] G. CONAC, « La vie du droit en Afrique », in Dynamiques et finalités des droits africains, acte du colloque de la Sorbonne « La vie du droit en Afrique », Economica 1980, Introduction, p. XVI.

[10] L. SYLLA, « Le droit : élément essentiel du changement social en Afrique (étude de cas) », in « Dynamiques et finalités des droits africains », acte du colloque de la Sorbonne « La vie du droit en Afrique », Economica 1980, p. 314

[11] R. GRANGER, « Pour un droit du développement dans le pays sous-développés », in 10 ans de conférence d'agrégation. Etudes de droit commercial offertes à Joseph HAMEL, Paris, Dalloz 1961, p. 47.

[12] L. SYLLA, « Le droit : élément essentiel du changement social en Afrique », préc., p. 326.

[13] E. LE ROY, Droit et développement en Afrique noire francophone après dix années d'indépendance politique, Revue de l'A.S.E.R.J., Mars 1971, n° 9, p.70

[14] Le droit au développement envisage la qualité de vie de chaque homme dans sa globalité, pour une promotion tenant compte des choix et des moyens de chaque nation, soutenue par la solidarité universelle ; v. K. MBAYE, « Le droit au développement », Ethiopiques numéro 21, Revue socialiste de culture négro-africaine, janvier 1980, p. 4. C'est un droit inaliénable de l'homme en vertu duquel toute personne humaine et tous les peuples ont le droit de participer et de contribuer à un développement économique, social, culturel et politique dans lequel tous les droits de l'homme et toutes les libertés fondamentales peuvent être pleinement réalisés, et de bénéficier de ce développement ; Art.1er de la

de méthodes de législation propres à sous-tendre le développement économique et social[15] ; c'est « l'ensemble des instruments juridiques permettant de provoquer les changements socioculturels favorables au développement »[16]. C'est un droit qui « tire et qui pousse » vers le développement économique et social.

3.- L'un des premiers vecteurs du financement est l'Union Monétaire Ouest Africaine (UMOA). Par cette organisation, des « pays qui constituaient un grand ensemble géopolitique, dans le cadre de l'ex-fédération de l'Afrique Occidentale française (AOF), se sont engagés à instaurer une zone de coopération, fondée sur une profonde solidarité, persuadés que celle-ci constitue l'un des leviers d'un développement accéléré de leurs économies »[17].

Aujourd'hui complétée par le Traité de l'UEMOA[18], l'UMOA est chargée, entre autres missions, de définir l'environnement réglementaire de l'activité du système bancaire et financier ainsi que la politique de change de l'Union[19]. Cela traduit une volonté politique tendant à mieux réglementer l'activité bancaire sous-régionale compte tenu de son importance dans l'essor économique des Etats membres. En

---

Déclaration sur le droit au développement adoptée par l'Assemblée générale des Nations Unies dans sa résolution 41/128 du 4 décembre 1986.

[15] K. MBAYE, « Le droit au développement », préc., p. 1.

[16] A. SOW SIDIBE, *Le pluralisme juridique en droit sénégalais des successions ab intestat*, Thèse Paris II, 1987, p. 413.

[17] C. KONAN BANNY, « L'avenir de l'Union Monétaire Ouest-Africain (UMOA) », Revue d'économie financière Persée, n° 75, 2004, p. 1.

[18] Le Traité de l'Union Monétaire Ouest Africaine (UMOA) est complété, le 12 janvier 1994, par le Traité de l'Union Economique et Monétaire Ouest Africaine (UEMOA) ; voir art. 2 du Traité de l'UEMOA. Ce dernier traduit une dynamique d'intégration des économies des Etats membres considérée comme le gage de la pérennité de l'Union monétaire ; C. KONAN BANNY, « L'avenir de l'Union Monétaire Ouest-Africain (UMOA) », précité, p. 2. Alors que l'UMOA s'intéresse à la législation monétaire et bancaire, l'UEMOA qui s'est fixée un objectif plus ambitieux, celui de créer entre les Etats membres un marché commun basé sur la libre circulation des personnes, des services, des capitaux, vise à harmoniser toutes les législations économiques en vue de réaliser cet objectif.

[19] Art. 17 du Traité de l'UMOA.

effet, le crédit est l'âme du commerce[20] et le banquier le moteur de toutes les activités de son temps[21].

Les banques « jouent un rôle central et spécifique dans les économies monétaires parce qu'elles peuvent fournir aux emprunteurs des liquidités en gros montant aux moments demandés, sans que ces liquidités soient prélevées sur une épargne préexistante…(Elles) permettent à l'accumulation du capital de s'affranchir de l'épargne préalable »[22]. Elles jouent ainsi un rôle prépondérant dans le développement économique[23].

Cependant, à l'aune des faits, la réponse juridique ne semble toujours pas efficace. Nombre d'études ont montré que les difficultés d'accès aux financements sont le premier obstacle au développement des PME en Afrique, notamment dans la zone OHADA, loin devant les problèmes de corruption, de déficience des infrastructures ou de fiscalités abusives. En moyenne, dans les États membres de l'OHADA, 64 % des entreprises identifient l'accès au financement comme étant un obstacle majeur aux activités économiques[24]. Par exemple, au Sénégal, en 2017, en ce qui concerne l'agriculture, c'est moins de 5% des prêts consentis qui étaient destinés à cet important secteur de l'économie[25]. L'accès au financement et le développement du crédit sont déterminés

---

20 S. THIAM, *Les indigènes paysans entre maisons de commerce et administration coloniale : Pratiques et institutions de crédit au Sénégal (1840-1940)*, th. Montpellier I et Gaston BERGER, 2001, p. 103.

21 M. VASSEUR, « La responsabilité civile du banquier dispensateur de crédit », *Banque*, 1979, p. 48.

22 M. AGLIETTA, *Macroéconomie financière : finances, croissance et cycles*, Editions la découverte, p. 23.

23 Nombre d'études ont montré que les difficultés d'accès aux financements sont le premier obstacle au développement des PME en Afrique, notamment dans la zone OHADA, loin devant les problèmes de corruption, de déficience des infrastructures ou de fiscalités abusives. En moyenne, dans les États membres de l'OHADA, 64 % des entreprises identifient l'accès au financement comme étant un obstacle majeur aux activités économiques. Cette situation diffère d'un État à un autre (73,2 et 79,8 % au Benin et au Burkina Faso, 49,2 % au Sénégal), mais partout elle constitue une barrière importante au développement économique. V. Droit et Patrimoine, n° 197, Novembre 2010, p. 47.

24 Rapport Doing Business dans les Etats membres de l'OHADA 2012, https://documents1.worldbank.org/curated/es/773921494928011557/pdf, consulté le 25 février 2025.

25 Loi n° 2017-29 du 14 juillet 2017 portant Système de Récépissé d'Entrepôt de stockage de marchandises au Sénégal.

en partie par la capacité d'un emprunteur à offrir librement une garantie fiable aux prêteurs.

Il devenait alors un impératif d'aller au-delà du droit bancaire classique pour mettre en exergue d'autres mécanismes de financement pouvant installer une alternative.

4.- Un droit qui veut soutenir le développement économique ne peut ne pas prendre en compte les aspirations de ses destinataires. C'est dans ce cadre que le droit de l'UMOA s'est enrichi en 2018 de quatre instructions organisant la finance islamique.

La finance islamique est une finance religieuse, qui puise ses principes dans la révélation coranique et les traditions prophétiques qui la complètent[26]. Celles-ci bannissent l'usure, la spéculation, le prêt à intérêt[27] et l'investissement dans les activités illicites ; à l'inverse, elles prônent le partage des profits et des pertes et l'adossement à des actifs tangibles.

Soutenue dans ses débuts par les investisseurs institutionnels et les États de l'Organisation de la conférence islamique (ci-après OCI), la finance islamique n'a réellement bénéficié de l'adhésion des particuliers qu'à partir des années 1990[28], avant de gagner encore en popularité avec la crise survenue à l'été 2007. Jugée comme résultant essentiellement de « la défaillance quasi générale des autorités de régulation et la complaisance des gouvernements et de l'ensemble des agents économiques face aux facilités de l'endettement »[29], cette crise a orienté les regards vers les modèles de financement éthiques (ou plus éthiques) pour y trouver une véritable alternative au modèle traditionnel. Cela a ouvert la voie au développement de la finance islamique, qui est considérée comme une branche de la finance éthique

---

[26] Coran, Sourate 2 verset 275 : « Allah a rendu le commerce licite, et illicite l'intérêt » ; verset 276 : « Allah anéantit l'intérêt usuraire et fait fructifier les aumônes… » ; Verset 278 : « Ô les croyants ! Craignez Allah ; renoncez au reliquat de l'intérêt usuraire, si vous êtes croyants. »

[27] P. ALLARD et D. BENCHABANE, « La finance islamique : modèle alternatif, postiche ou pastiche ? », *Revue française d'économie*, 2010/4 (Volume XXV), p. 13.

[28] La première expérience en matière de finance islamique date des années 1950 au Pakistan, v. M. BITAR etP. MADIES, « Les spécificités des banques islamiques et la réglementation de Bâle III », *Revue d'économie financière*, 2013/3 (n°111), p. 293.

[29] P. ALLARD et D. BENCHABANE, « La finance islamique : modèle alternatif, postiche ou pastiche ? », *préc.*, p. 11.

en cela qu'elle repose sur des valeurs largement universalisables comme celles de responsabilité, d'équité, de justice sociale, de partage, de mutualité et d'équilibre. En Islam, l'économie et la morale sont inséparables.

Les instructions de 2018 n'épuisent pas le périmètre de la finance islamique. Le *waqf* a été introduit dans le droit sénégalais avec la Loi n° 2015-11 du 06 mai 2015 relative au *waqf*[30] et, au plan communautaire, a été adopté le règlement n° 10 /2022/CM/UEMOA du 30 septembre 2022 relatif aux titres financiers islamiques, aux sociétés d'émission de *sukuk* autogérées et aux fonds d'émission de *sukuk* dans l'UEMOA, entré en vigueur le 1er janvier 2023. Il est aussi à noter la décision du Conseil des Ministres de l'UMOA du 15 septembre 2022 qui modifie le Règlement général relatif à la création, au fonctionnement et au contrôle du marché financier justement pour tenir compte de la mise en place d'un marché des capitaux islamiques.

5.- Outre le droit UMOA, le Sénégal, en association avec quatorze autres pays d'Afrique, a adopté le 17 octobre 1993 à Port-Louis (Île Maurice) le Traité pour l'harmonisation du droit des affaires en Afrique (OHADA). Entré en vigueur en 1995, ce traité matérialise pour ses signataires une ambition de promouvoir un bon climat des investissements dans les États parties. En effet, il a pour objet l'harmonisation du droit des affaires dans ces États par l'élaboration et l'adoption de règles communes simples, modernes et adaptées à la situation de leurs économies par la mise en œuvre de procédures judiciaires appropriées et par l'encouragement au recours à l'arbitrage pour le règlement des différends contractuels[31]. Le droit OHADA n'en demeure pas moins être un véritable droit pour le financement des entreprises. Outre la confiance qu'il permet d'assoir, il offre l'opportunité aux acteurs de lever des fonds pour développer leur activité.

6.- Bien avant ces règles, le Sénégal par les lois du 10 juillet 1963 et du 13 juillet 1966, s'est doté d'un code des obligations civiles et commerciales (COCC) qui se devait de promouvoir « l'initiative prométhéenne qui serait le seul moteur de l'histoire, donc du

---

30 J.O. N° 6873 du samedi 29 août 2015.

31 Art. 1 du Traité.

progrès »[32]. Il devait, à l'image de la législation existante et à venir[33], être l'incarnation de l'ambition pour un droit en parfaite harmonie avec les aspirations profondes du nouvel Etat ; un droit étroitement lié à la programmation du développement. Sans renier le passé, le COCC devait être le terrain d'expression de la célèbre formule « par le Code civil, au-delà du Code lui-même ».

7.- Ces différentes règles se conjuguent avec une pratique déjà très avancée. En effet, en considération des besoins spécifiques, elle ne cesse de générer des réponses en s'appuyant sur des contrats nommés ou en a créant elle-même.

8.- Le droit du financement n'est donc pas un droit autonome. Il survole toutes les matières mais sous un autre angle ou en se posant une autre question. C'est la question du pourquoi qui renvoie à l'utilité de l'opération, du contrat. Il appréhende le droit comme un moyen, un instrument entre les mains du juriste pour solutionner un problème.

Il est alors question de discuter différentes techniques juridiques de financement, appréhendées selon leurs spécificités mais aussi leurs avantages intrinsèques.

9.- Le droit du financement est ainsi un droit-réponse, un droit-solution aux difficultés des entreprenants.

Selon le rapport global du recensement des entreprises[34], sur 407 882 unités économiques réparties sur l'ensemble du pays, la majeure partie a déclaré avoir eu des besoins de financement, soit pour améliorer leurs locaux (62,3%), soit pour étendre leurs activités (60,8%). En outre, 45,9% d'entre elles ont déclaré en avoir besoin pour acheter des matières premières et 24,7% pour acquérir ou entretenir des biens d'équipement. Les unités ayant besoin de rembourser leurs dettes antérieures, de former leur personnel ou d'assurer le paiement de leurs salariés représentent respectivement 5,0%, 4,0% et 3,3%[35].

---

[32] G. KOUASSIGAN, « Culture, famille et développement », R.S.D., Juin 1977, n° 21, p. 102.

[33] Exemple du Code de la famille, cf S. GUINCHARD, Réflexions critiques sur les grandes orientations du Code sénégalais de la famille, Penant 1978, n° 760, p. 181.

[34] Ministère de l'économie, des finances et du plan, Agence nationale de la statistique et de la démographie (ANSD), Rapport global du recensement des entreprises, Janvier 2017.

[35] Ministère de l'économie, des finances et du plan, Agence nationale de la statistique et de la démographie (ANSD), Rapport global du recensement des entreprises, Janvier 2017, p. 40.

Par ailleurs, l'analyse du financement des entreprises révèle que 19,6% des unités économiques ont sollicité un financement auprès de leurs familles ou amis, 15,2% font recours au micro-crédit et 12,6% participent à des tontines. En outre, 6,2% ont formulé un besoin de financement auprès des banques et 2,6% auprès des fonds d'appui[36].

En sus des besoins en ressources financières, le droit du financement offre l'opportunité de faciliter la formalisation des entreprises.

S'appuyant sur la tenue d'une comptabilité pour établir la nature formelle des entreprises, le rapport global du recensement des entreprises a conclu que le secteur informel occupe une bonne partie de l'économie et couvre 97,0% des unités économiques[37].

Cependant, le droit du financement n'est pas seulement le droit pour le financement des activités commerciales. Il est aussi une réponse à celui des activités civiles.

L'agriculture et les industries textiles sont les branches d'activité les plus représentées dans l'informel avec des proportions d'unités supérieures à 99%[38]. Il en résulte une quasi-absence de financements bancaires pour ces deux activités qui, pourtant, restent parmi les poumons de l'économie.

---

[36] Ministère de l'économie, des finances et du plan, Agence nationale de la statistique et de la démographie (ANSD), Rapport global du recensement des entreprises, Janvier 2017, p. 42.

[37] Ministère de l'économie, des finances et du plan, Agence nationale de la statistique et de la démographie (ANSD), Rapport global du recensement des entreprises, Janvier 2017, p. 24.

[38] Ministère de l'économie, des finances et du plan, Agence nationale de la statistique et de la démographie (ANSD), Rapport global du recensement des entreprises, Janvier 2017, p. 25.

Des besoins personnels notamment les cérémonies familiales, l'habitation, l'éducation, ne sauraient n'ont plus être minimiser.

L'étude porte sur :

- Chapitre 1 : Le financement locatif
- Chapitre 2 : Le crowdfunding
- Chapitre 3 : La finance islamique
- Chapitre 4 : La vente
- Chapitre 5 : Le financement basé sur le droit des sociétés
- Chapitre 6 : Le récépissé d'entrepôt

CHAPITRE 1

LE FINANCEMENT LOCATIF

Le financement locatif se singularise par la distinction qu'il installe entre la propriété juridique du bien et son utilité. La personne dans le besoin d'un financement se voit affecter un bien qu'elle utilise, à charge de le restituer. Ledit bien peut être un bien mobilier ou un bien immobilier. En effet, si le prêt d'argent est le prototype du financement locatif, il n'en épuise pas le périmètre.

Le financement locatif peut se faire à travers :

- Le prêt d'argent ;
- Les *business angels* ;
- La tontine ;
- La location mobilière ;
- Le crédit-bail ;
- Le bail à construction ;
- Le bail à réhabilitation.

LE PRÊT D'ARGENT

10.- Dans la pratique, le prêt est le plus souvent confondu avec le crédit. Le terme « crédit » est issu du mot latin *creditum*, du verbe *credere*, qui veut dire « avoir confiance », « croire ». C'est de la confiance que l'on peut accorder à une personne ou à une chose. Par extension, cela devient le prêt consenti par le banquier. Celui-ci accepte de prêter dans la mesure où il place en son client une certaine confiance, d'où il lui accorde du crédit.

Le prêt est le contrat par lequel une des parties (le prêteur), remet à une autre (l'emprunteur), une chose dont ce dernier pourra user, à charge de la restituer, en nature ou par équivalent[39]. Lorsqu'il porte sur une somme d'argent, le contrat devient un prêt de consommation, par opposition au prêt à usage. D'une conjugaison des articles 525 et 526 du COCC, il y a contrat de prêt de consommation si l'emprunteur acquiert la propriété de la chose prêtée pendant la durée du contrat[40].

11.- Le contrat de prêt se forme par l'échange des consentements[41]. Il n'y a donc, en principe, aucune formalité particulière à respecter pour sa validité. Cependant, aux termes de l'article 527 al. 2 du COCC, l'emprunteur n'est tenu d'exécuter ses obligations qu'après remise de la chose prêtée. La nature juridique du prêt est alors ambiguë. Sommes-nous devant un contrat consensuel et synallagmatique ou devant un contrat unilatéral et réel ?

Le droit français a longtemps analysé le prêt comme un contrat unilatéral puisqu'en principe, il ne fait naître qu'une obligation de restitution à la charge de l'emprunteur et comme un contrat réel dans la mesure où il suppose la remise de la chose prêtée. Tel semble aussi être la lecture du droit sénégalais. En effet, pour la cour d'appel de Dakar, le prêt est un contrat unilatéral prouvé par la formalité du « bon pour »[42].

---

39 Art. 525 COCC.

40 Pour le régime juridique, cf. Art. 535 et s. COCC.

41 Art. 527 al. 1 COCC.

42 CA Dakar, arrêt n°8 du 5 janvier 2012, bull CA 2013, vol. 1, p. 368.

En voyant dans le prêt un contrat unilatéral, la remise ne serait donc pas à apprécier dans la phase d'exécution, mais serait un élément de la formation du contrat. La lecture jurisprudentielle de l'article 527 du COCC, même si elle est conforme à la pratique bancaire, soulève l'interrogation. La seule nécessité d'une remise préalable avant l'exécution par l'emprunteur de son obligation suffit-elle pour qualifier le contrat de contrat réel malgré l'alinéa 1er de l'article 527 du COCC ? À titre de comparaison, la même situation se retrouve dans la vente organisée par le COCC sans pour autant qu'elle cesse d'y être qualifiée de contrat consensuel. Aux termes des dispositions de l'article 306 du COCC, à défaut de stipulation particulière, le paiement est fait lors de la délivrance. L'acheteur est donc en droit de ne payer qu'après délivrance faite par le vendeur. Loin d'installer une ambiguïté, l'article 527 du COCC consacre le caractère de contrat consensuel du prêt, par ricochet de contrat synallagmatique, et exige que, pour l'exécution, le prêteur soit le premier à satisfaire son obligation. Une telle lecture semble être partagée par la Cour de cassation française. Selon la haute juridiction, les prêts de consommation n'ont pas la nature de contrats réels[43], de sorte que le prêt d'argent consenti par un professionnel du crédit, du moins, est un contrat consensuel et synallagmatique.

12.- Le prêt est à titre gratuit ou à titre onéreux. Le COCC dispose que le prêt des particuliers peut être stipulé avec intérêt. Dans ce cas, il faudra un contrat écrit visé par un notaire, un gouverneur, un préfet, un maire, etc., devant lequel a lieu la numération des deniers en présence des parties. Cette formalité est une formalité de preuve. Cependant, s'il y a stipulation d'intérêts, ce sera une formalité de validité sanctionnée par la nullité absolue[44].

---

[43] Cass. civ. 27 mai 1998, D. 1999,194, note Bruschi et 28 mars 2000, RJDA 5/00, n°583, concl. Sainte-Rose ; Cass. 1re civ. 27 nov. 2001, RJDA 4/02, n°419, p. 355 : le prêt consenti par un établissement de crédit n'est pas un contrat réel.

[44] Certains établissements sont dispensés des formalités prévues à l'article 542 du Code des obligations civiles et commerciales. Il s'agit de :
- la Banque Centrale des États de l'Afrique de l'Ouest (BCEAO) ;
- l'Agence Française de Développement (AFD) ;
- les banques et établissements financiers enregistrés sur la liste prévue par l'article 13 de la loi n° 2008-26 du 28 juillet 2008 ;
- les systèmes financiers décentralisés visés à la loi organique n° 2008-47 du 3 septembre 2008. Voir Décret n° 2011-1415 du 5 septembre 2011 modifiant et complétant le décret n° 68-948 du 31 août 1968 fixant la liste des personnes habilitées à viser les contrats de prêt d'argent a intérêt et celle des établissements

13.- Le cas du Qardh. Le Qardh est une opération de financement islamique non participatif. C'est une opération de prêt sans contrepartie accordé[45]. Il n'est assorti d'aucun frais facturé aux clients, à l'exclusion du remboursement des débours ou des frais réels liés à son octroi.

Il est cependant à noter que les contrats de financement islamique peuvent être assortis de l'obligation, pour la partie débitrice, de verser à la partie créditrice une somme forfaitaire prédéfinie, en cas de retard ou de défaut de paiement ou lorsqu'elle ne respecte pas son engagement contractuel.

Les contrats peuvent également prévoir le versement, à l'établissement de crédit, d'une somme couvrant les débours et frais réels engagés par ce dernier en raison du retard ou du défaut de paiement du client. Le paiement des sommes prévues intervient après le règlement du montant dû au créancier.

14.- Des modalités de prêt.

Le prêt syndiqué. Un prêt syndiqué est, en général, un gros prêt au titre duquel un groupe d'institutions financières (le Syndicat) travaillent ensemble pour fournir des fonds à un emprunteur. D'habitude, une banque chef de file (l'Arrangeur) prend un pourcentage du prêt et répartit le reste aux autres institutions financières. Pour faire en sorte que l'emprunteur n'ait pas à traiter avec chacun des membres du syndicat, un agent (l'Agent) joue le rôle de coordination au nom de tous les autres membres.

Les prêteurs sont soumis aux mêmes termes et conditions de financement (ces conventions prévoient très souvent une clause de *pari passu*).

Le prêt syndiqué se distingue du cofinancement où « les prêteurs se distinguent par les montants prêtés, mais aussi par les termes et conditions de leurs prêts ; l'emprunteur négociant séparément avec chaque prêteur »[46].

Le crédit relais : Il s'agit d'un crédit consenti dans l'attente d'une rentrée d'argent. Il s'apparente à une avance faite par la banque sur la vente d'un bien, un prêt,…

---

dispensés des formalités prévues à l'article 542 du Code des obligations civiles et commerciales. JO n° 6638 du samedi 7 janvier 2012

[45] Sur la finance islamique et le prêt rémunéré, v. **infra n° 125.**

[46] M. SENE, *La banque expliquée à tous*, RB édition, 2021, p. 112.

Avec un crédit relais, la banque vous avance une partie du montant attendu. Par exemple, une personne qui a l'intention d'acheter un bien et de le payer en tout ou partie en vendant un autre bien qu'elle possède, pourra recourir au mécanisme du crédit relais, pour bénéficier d'une avance consentie sur la valeur du bien mis en vente.

Le prêt relais devra être remboursé au terme du contrat, même si le bien initial n'a pas été vendu, que l'argent attendu n'est pas reçu.

Le crédit relais se caractérise essentiellement par sa très courte durée, en général un an, renouvelable une fois, mais aussi par ses modalités de remboursement. Le capital devra être remboursé dès la vente du bien ou au plus tard à la date prévue dans le contrat de crédit relais. Seuls les intérêts du prêt et de l'assurance emprunteur sont à rembourser pendant les premiers mois.

Le crédit revolving ou crédit renouvelable : C'est une opération par laquelle un établissement met ou promet de mettre à disposition d'un client une somme d'argent moyennant intérêt et frais sur la partie utilisée. Cette somme d'argent est réutilisable au fur et à mesure des remboursements en capital. L'emprunteur dispose d'une réserve d'argent d'un montant déterminé, qu'il pourra utiliser et reconstituer selon son gré.

Les parties fixent, au départ, le montant de la réserve, en d'autres termes, le montant maximum du crédit possible. Cependant, c'est le montant utilisé qui représente la somme empruntée.

Le remboursement se fait à tout moment, en totalité ou en partie.

Le crédit revolving est souvent associé à une carte.

Le découvert : est un crédit mis à la disposition du client par la banque et servant à combler un déséquilibre structurel ou une insuffisance de fonds. Il est également un crédit à court terme par lequel la banque autorise son client à prélever sur son compte des fonds pour un montant supérieur à ses disponibilités propres, pour un temps et moyennant un taux déterminé à l'avance. Il peut être temporaire ou permanent.

Le prêt à taux bonifié : le prêt bonifié est une aide à l'emprunt catégorielle. C'est un prêt proposé à un taux d'intérêt inférieur aux taux du marché, grâce à des aides de l'État ou d'autres organismes. C'est le cas, par exemple, avec le refinancement du Fonds de Garantie des Investissements Stratégiques (FONGIP) qui consiste à octroyer une ligne de crédit, sous des conditions préférentielles, aux institutions de microfinance (IMF). En retour, ces dernières accordent des financements à leurs clients en appliquant un taux nominal bonifié[47].

15.- Le cas du compte courant. Le compte-courant est une convention par laquelle des personnes acceptent de regrouper toutes leurs créances réciproques dans un seul compte et conviennent que leur règlement global interviendra lors de la clôture du compte, laquelle fera apparaitre un solde créditeur en faveur de l'une des parties. En d'autres termes, deux personnes qui sont périodiquement créancières et débitrices réciproques, font figurer leurs créances et dettes en articles de compte indivisible, seul le solde étant dû après clôture. La réciprocité des remises caractérise le fonctionnement du compte-courant et son absence justifie une requalification du compte-courant en compte ordinaire[48].

Le compte courant peut exister non seulement entre un banquier et un entrepreneur mais aussi entre deux entreprises en relations d'affaires : son régime est tout à fait analogue dans les deux cas.

Considéré comme « l'une des plus belles créations de la pratique commerciale »[49], le compte-courant constitue un mécanisme de règlement de créances réciproques mais aussi un mécanisme de garantie de paiement.

Souvent confondue dans la pratique avec le compte-courant d'associé[50], le compte-courant est un contrat civil ou commercial suivant les opérations qu'il relate.

Le compte-courant est caractérisé par ses effets, qui sont au nombre de trois : la novation, l'indivisibilité, le cours de plein droit des intérêts.

Chaque somme inscrite en compte courant porte intérêt du jour où elle entre en valeur jusqu'à l'arrêté du compte.

---

[47] **v. infra n° 35.**

[48] Cass. Sénégal, arrêt n° 198, du 6 août 1997, Recueil des arrêts de la cour de cassation, années judiciaires 1993-1998, p. 319.

[49] M. VASSEUR, *Droit et économie bancaire, les opérations de banque*, Les cours du droit, 4e éd. 1988, p.17

[50] C'est l'hypothèse où l'entreprise qui souhaite un prêt sollicite ses associés afin que ceux-ci lui consentent des facilités financières, soit de manière exclusive soit en complément des fonds prêtés par l'établissement de crédit. Le compte courant désigne ainsi le prêt consenti par un associé à la société dont il est membre.

Des sûretés particulières peuvent être affectées à ce solde, qui doit être établi en une monnaie unique, même si des monnaies différentes sont intervenues dans la tenue du compte.

Un banquier peut être amené à clôturer le compte d'une entreprise pour deux raisons : cette dernière veut quitter la banque, la banque souhaite interrompre les relations. Tant qu'un compte n'est pas clôturé, aucune action en paiement n'est possible. La prescription ne court qu'à la clôture du compte.

La clôture d'un compte-courant même accusant un solde débiteur ne peut résulter que de la convention des parties, de la loi ou des usages[51].

***16.- Le cas du crowdlending* (infra n° 114).**

Paragraphe 1 : Le prêt, une opération de crédit

17.- Sur le fondement de la loi uniforme portant réglementation bancaire, l'opération de crédit peut être définie comme une mise à disposition de fonds rémunérée. La loi consacre deux types d'opérations de crédit. Il y a, d'une part, les opérations de crédit par nature, et d'autre part, les opérations de crédit par assimilation.

Le prêt est une opération de crédit par nature. Il appartient à la catégorie des « actes par lesquels l'établissement met ou promet de mettre des fonds à la disposition d'une autre personne ».

18.- Opération de crédit, le prêt est une opération de banque. En lieu et place d'une définition, la loi portant réglementation bancaire considère comme opérations de banque : la réception de fonds du public, les opérations de crédit, ainsi que la mise à disposition de la clientèle et la gestion de moyens de paiement.

La loi installe un monopole de l'exercice à titre de profession de ces opérations. La profession peut être définie comme le fait de consacrer d'une façon habituelle son activité à l'accomplissement de certaines tâches, dans le dessein d'en tirer un profit. La profession implique alors l'habitude, la répétition. Ainsi, les actes isolés ne sont pas sanctionnés.

Toutefois, ne sont pas considérés comme des opérations de crédit :

---

[51] Cass. Sénégal, arrêt n° 118, du 21 mai 1997, Recueil des arrêts de la cour de cassation, années judiciaires 1993-1998, p. 302.

- les avances sur salaires ou les prêts exceptionnels consentis par une entreprise à ses salariés pour des motifs d'ordre social ;

- le paiement différé du prix des logements consenti par les constructeurs ou prestataires de services immobiliers à des personnes physiques accédant à la propriété. Ces opérations doivent être effectuées exclusivement à titre accessoire à l'activité des constructeurs ou prestataires de services immobiliers ;

- les prêts accordés sur ressources propres à des personnes physiques par les organismes sans but lucratif dûment constitués, dans le cadre de leur mission et pour des motifs d'ordre social ;

- les prêts consentis par des personnes morales ou par des personnes physiques agissant à des fins non professionnelles ou commerciales, dans le cadre du financement participatif.

A. Les dispensateurs professionnels de crédit

19.- Les dispensateurs professionnels de crédit sont les établissements de crédit et les systèmes financiers décentralisés (SFD).

20.- Les établissements de crédit. En droit UMOA, les établissements de crédit se subdivisent en banque et en établissements financiers de crédit. Les banques peuvent effectuer toutes les opérations de banques (les opérations de banque sont: la réception de fonds du public, les opérations de crédit, ainsi que la mise à disposition de la clientèle et la gestion de moyens de paiement). Alors que les établissements financiers de crédit sont habilités à effectuer les opérations de banque pour lesquelles ils sont agréés.

Les qualités de banque ou d'établissement financier de crédit résultent d'un agrément qui obéit à certaines conditions.

Afin de favoriser une plus grande intégration des marchés bancaires et financiers nationaux par la libre prestation de services sur l'ensemble du territoire de l'Union, l'agrément accordé aux établissements de crédit est un agrément unique.

Instauré depuis le 1er janvier 1999, l'agrément unique permet aux banques et établissements financiers déjà agréés et désireux de s'implanter dans un autre Etat membre de l'UMOA, d'être dispensés de toute autre procédure d'agrément pour exercer leur activité ou offrir en libre prestation leurs services. Tout de même l'établissement de crédit devra préalablement à l'ouverture des dites succursales_et/ou filiales, notifier son intention sous forme de déclaration à la Commission Bancaire et être déposée auprès de la Banque Centrale[52].

21.- Les systèmes financiers décentralisés (SFD). Sous le vocable de Systèmes financiers décentralisés (SFD), le législateur entend les institutions, structures ou organisations « dont l'objet principal est d'offrir des services financiers à des personnes qui n'ont généralement pas accès aux opérations des banques et établissements financiers tels que définis par la loi portant réglementation bancaire et habilités aux termes de la présente loi à fournir ces prestations »[53]. Encore appelé microfinance, les SFD font allusion à « un ensemble d'organisations aux formes et aux statuts divers, pratiquant des opérations de prêt et/ou de collecte d'épargne de faible montants, à une échelle décentralisée, et fondées sur la proximité»[54]. En effet, les SFD ont un champ d'action réduit comparé à celui des établissements de crédit. Les opérations des SFD consistent :

- à la collecte de dépôts ;
- à faire des opérations de prêt ;
- l'engagement par signature ;
- à faire des opérations de finances islamiques.

Pour exercer ces activités, les SFD doivent avoir un agrément.

Fondé sur des motivations telles que celles d'affranchir les populations d'un système informel contraignant (usuriers), de contribuer à l'émancipation d'une catégorie de population (femmes, jeunes...), de fournir des services financiers indispensables à la réussite de programmes plus larges de développement[55], la microfinance s'est

---

[52] Cf. Instruction n°018-04-2011 Etablissant la liste des documents et informations constitutifs du dossier de déclaration d'intention d'installation dans le cadre de l'agreement unique.

[53] Art. 1 al. 21 de la Loi n° 2008-47 du 03 septembre 2008 portant réglementation des systèmes financiers décentralisés. Elle est aujourd'hui abrogée et remplacée par la loi nouvelle uniforme sur le domaine.

[54] J. M. SERVET, *Banquiers aux pieds nus. La microfinance*, Editions Odile Jacob, 2006, p. 511.

[55] L. LHERIAU, *Le droit des systèmes financiers décentralisés dans l'Union Economique et Monétaire Ouest Africaine*, Thèse de doctorat, Université de Picardie Jules Verne, juin 2003 p. 7 et ss : « L'objectif des SFD est donc de fournir en premier des services d'épargne et de crédit pour des populations non bancarisées parce qu'étant en dessous des critères d'éligibilité du secteur bancaire existant que l'on qualifiera de secteur bancaire classique. »

ensuite structurée et insérée dans l'ambition plus vaste d'être un outil efficace pour la lutte contre la pauvreté[56].

Dans sa définition des SFD, le législateur opère une distinction nette avec les finances classiques. En effet, il voit dans les SFD, un ensemble de groupements menant une activité financière décentralisée, c'est-à-dire pratiquée en marge du circuit bancaire traditionnel en vue d'offrir des services financiers aux couches défavorisées. A ce titre, leurs activités relèvent du domaine dit para-bancaire, parce qu'ils doivent constituer un secteur particulier, marqué par la proximité avec les populations démunies par le biais d'une décentralisation financière. Les SFD visent donc à renforcer l'intégration des « désargentés » dans le circuit économique et améliorer le niveau de financiarisation[57].

La politique des SFD passe par l'offre de services financiers aux personnes n'ayant pas accès aux banques commerciales en raison de leur profil socio-économique. Il s'agit de personnes démunies, sans revenus fixes, ne pouvant offrir de garanties matérielles. La finance décentralisée est donc conçue pour être « le financier des pauvres », « le financier des marginalisés ». Ainsi, dans un pays en voie de développement comme le Sénégal, toute politique de développement économique doit donc inclure les SFD.

Historiquement les SFD sont nés dans les régions rurales sous forme de financement informel avant de s'étendre progressivement dans les zones urbaines en se formalisant d'avantage.

---

56 Lire Manière de voir, Le Monde diplomatique, n° 119, bimestriel Octobre-novembre 2011, p.52.

57 BCEAO, Direction des établissements de crédit et de microfinance, Contribution des institutions de microfinance à l'efficacité du système d'intermédiation, in Quel secteur pour le financement des économies de l'UEMOA ?, précité, p. 267. Au Sénégal les concours de crédit des SFD affichent une nette progression à fin 2007, soit 22% en 2007 par rapport à 2006 (11%), un doublement par rapport à 2005. A fin 2007, les SFD ont apporté des concours à hauteur de 110 milliards de FCFA en 2007 contre 90 en 2006 et 81 en 2005. Même si la production, représentant 8,5% du financement bancaire, reste encore très faible par rapport au secteur bancaire, du point de vue du financement des PME, la part de marché des SFD progressent bien plus vite que celle du secteur bancaire. Le volume des concours accordés par les SFD à fin décembre 2007, soit 100 milliards de FCFA, correspond à la moitié des engagements du secteur bancaire sur le segment des PME estimés à 201,8 milliards3 de FCFA à fin 2007. Direction des PME, Etude sur l'offre et la demande de financement des PME au Sénégal, Conclusions et recommandations, Rapport final, Dakar, 30 avril 2009, p. 14.

Dans l'histoire contemporaine[58], tout commence en 1974 lorsque Muhammad Yunus[59], professeur d'économie à l'université de Chittagong au Bangladesh, en observant le modèle économique des femmes pauvres des villages alentours qui fabriquaient et vendaient de petits objets, se rend compte qu'elles n'arrivaient que rarement à générer du profit, une fois le crédit remboursé aux intermédiaires ou aux prêteurs usuriers. Delà, prêtant 27 dollars à des paysans très pauvres d'un village des environs de Jarba, il arrache quarante-deux familles des mains des usuriers. Le concept de microcrédit est né. Ainsi, en 1983, il décide d'apporter une réponse institutionnelle pour aider ces personnes, la Grameen Bank (du mot gram, qui signifie village), la première banque de microfinance moderne est née[60]. Il a renversé la logique financière et les a priori des banques traditionnelles en apportant la preuve que les personnes pauvres sont très fiables, qu'elles remboursent majoritairement leurs prêts et qu'elles sont en mesure de payer les taux d'intérêt couvrant les frais du prêts. « Présente dans trente-sept mille localités (…), ses prêts cumulés atteignent, en 1995, l'équivalent d'un milliard de dollars. A l'époque, la valeur moyenne d'un prêt est de 160 dollars, et le taux de remboursement – 97% - est plus élevé que dans le cas des crédits classiques »[61].

L'essor de la Grameen Bank résulte en grande partie de ses techniques d'adaptation[62]. A l'opposé des banques, elle mise sur la proximité, facilitant la recherche de l'information sur la solvabilité des emprunteurs. Cette recherche de l'information se fait par le truchement de comités de crédit constitués des paysans eux-mêmes qui examinent les demandes de crédit et décident de leur approbation[63]. Les mauvais

---

[58] Certains auteurs estiment que les anciens babyloniens pratiquaient la microfinance 1500 ans avant Jésus Christ de façon similaire à ce qui existe aujourd'hui. En Inde, le microcrédit est apparu il y a 3000 ans. Voir P. KENGUE MAYAMOU, *La microfinance en Tunisie et en Egypte : un outil au service du développement local*, Thèse Université Rennes 2, 2012, p. 22

[59] M. YUNUS, « Transgresser les préjugés économiques », in Le Monde diplomatique, décembre 1997. A noter qu'il aura le Prix Nobel de la paix en 2006

[60] P. KENGUE MAYAMOU, *La microfinance en Tunisie et en Egypte : un outil au service du développement local*, op. cit., p. 25

[61] Lire Manière de voir. Le Monde diplomatique, n° 119, bimestriel Octobre-novembre 2011, p.53

[62] J. MORDUCH, The role of subsidies in micro-finance : evidence from the Graameen Bank. Journal of Developpement Economics, vol. 60, p. 229-248.

[63] F. NDIAYE, *Microfinance en Afrique de l'ouest, Quelle viabilité ?*, L'Harmattan, 2011, p.62

clients sont ainsi connus du fait des relations individuelles qui existent entre les membres d'une même communauté. La finalité est de forcer les bons risques à se sélectionner mutuellement pour bénéficier de crédits plus favorables. Par ailleurs, la technique des incitations dynamiques est un autre moyen d'obtenir des taux de remboursement élevés chez des populations à risque en utilisant des prêts progressifs ou par palier pour nouer une relation contractuelle durable. Un premier crédit sans incident de remboursement autorise un deuxième et ainsi de suite... Cette action répétée permet au créancier de réduire ses coûts de recherche d'information et de sélectionner les meilleurs risques pour les opérations les plus importantes[64].

Pour le problème de l'absence de garanties adéquates pour les prêts aux ménages ruraux, les groupes de cautions solidaires sont mise en place. En effet, contrairement au raisonnement bancaire classique (qui sélectionne les "bons risques" en fonction de leur capacité préalable à épargner régulièrement) est mis en place ces groupes de 5 à 10 personnes, bénéficiant d'un accès au crédit étalé dans le temps et conditionné par le remboursement des premiers emprunteurs. L'avantage de cette technique est que les membres du groupe garantissent collectivement le remboursement du prêt car l'accès à d'autres prêts est dépendant du remboursement par tous les membres du groupe. Delà, le processus de sélection est effectué par le groupe lui-même diminuant ainsi les risques de non remboursement et augmentant l'accès au crédit pour les ménages pauvres ruraux.

Bien que la technique du prêt collectif à responsabilité conjointe assure des taux de remboursement très honorables, le crédit sans apport de garanties reste une activité risquée. Aussi, les institutions ont développé des systèmes de substitution. Il en va ainsi des fonds d'urgence que chaque emprunteur alimente par une cotisation proportionnelle au montant emprunté. Ce mécanisme peut être renforcé au niveau de l'institution financière par une assurance intra-groupe abondée par une taxe prélevée sur les membres. Le modèle de la Grameen Bank nécessite que les emprunteurs contribuent à la constitution d'un fonds de secours à concurrence d'un montant de 0,5%

---

[64] P. KENGUE MAYAMOU, *La microfinance en Tunisie et en Egypte : un outil au service du développement local*, op. cit., p. 96 : « la relation ne s'établit donc pas à partir de la gestion du risque et de l'asymétrie d'information, mais bien à partir de la confiance accordée au porteur de projet conceptualisée dans la relation d'accompagnement ».

de chaque unité empruntée (au-delà d'une échelle donné). Le fonds de secours fournit une assurance en cas de défaut, de décès ou d'invalidité, etc., pour un montant proportionnel au nombre de membre. Un montant additionnel de 5% de l'emprunt est prélevé comme impôt du groupe qui sert à alimenter un compte de fonds du groupe. Plus de la moitié des fonds peut être utilisé par les membres du groupe avec un consentement unanime. Cette épargne forcée, qui peut être retirée après que la banque ait pris possession de ses avoirs, constitue en réalité, une garantie partielle[65].

B. Le coût du crédit

22.- Accord de volonté générateur d'obligations, le contrat est l'arène d'expression de la liberté individuelle. Néanmoins, conscient que cette liberté pouvait ne pas satisfaire, d'une part, la justice lorsque les contractants étaient dans un rapport inégalitaire, d'autre part, l'utilité sociale, le législateur, par le biais du respect de l'ordre public, intervient dans la relation contractuelle pour libérer la partie faible. Par l'ordre public, il ne se contente pas d'interdire, mais impose des comportements. Il « réglemente de manière impérative le contenu des contrats passés entre des parties qui sont dans une situation d'inégalité structurelle (….). On parle alors d'ordre public économique de protection »[66]. Delà, le législateur réglemente l'usure.

Selon le droit romano-byzantin et le droit canon, « usura » désignait tout intérêt perçu à propos du « mutuum », c'est-à-dire du prêt d'argent[67]. Dans l'acception moderne, l'usure n'est autre chose que l'intérêt supérieur au taux légal[68].

23.- Le taux de l'usure est déterminé de façon uniforme par le Conseil des Ministres de l'UMOA. Pour les banques, il est fixé à quinze pour cent (15,0%) l'an. Pour les établissements financiers à caractère bancaire, les Systèmes Financiers Décentralisés ainsi que les autres

---

65 M. YUNUS, « Transgresser les préjugés économiques », préc.

66 F. TERRE, Ph. SIMLER et Y. LEQUETTE, *Droit civil, Les obligations*, Dalloz, 10e édition, p. 39

67 **v. infra n° 125.**

68 Sur la notion, Voir, Ch. CARDAHI, « Le prêt à intérêt et l'usure au regard des législations antiques, de la morale catholique, du droit moderne et de la loi islamique », In: Revue internationale de droit comparé. Vol. 7 N°3, Juillet-septembre 1955. pp. 499-541.

agents économiques, il est fixé à vingt-quatre pour cent (24,0%) l'an[69]. La différence de taux se justifie pour certains[70] par les « spécificités des institutions de microfinance qui sont des structures pour lesquelles la loi a mis un certain nombre de contraintes pour les encadrer. Les institutions de microfinance ne peuvent pas ouvrir leur capital, ne peuvent pas s'adresser au marché obligataire ni interbancaire. (Elles) ont pour seules sources de mobilisation de fonds, l'épargne des déposants. Et la collecte de l'épargne coûte très cher parce c'est de l'épargne à court terme, très volatile. Les coûts de mobilisation sont aussi très élevés parce qu'il faut aux SFD un réseau de proximité physique qui coûte cher en termes d'entretien, de coûts de possession, etc. »

24.- Ainsi, aux termes de l'article 2 de la loi uniforme portant définition et répression de l'usure, « le taux effectif global (TEG) est librement débattu entre l'emprunteur et le prêteur sous réserve de respecter le plafond fixé à l'article premier (le taux de l'usure) ; il doit être fixé par écrit ». Est sanctionné, le taux effectif global excédant à la date de sa stipulation, le taux de l'usure.

Le TEG est le taux conventionnel de l'opération, calculé sur une base annuelle. Pour ce qui concerne son mode de calcul, il tient compte[71] de l'amortissement de la créance, auquel s'ajoutent les frais et rémunérations de toute nature[72], y compris ceux payés à des intermédiaires intervenus de quelque manière que ce soit dans l'octroi du prêt. Les charges liées aux garanties dont les crédits sont éventuellement assortis ainsi que les honoraires d'officiers ministériels sont pris en compte dans le TEG.

A noter toutefois qu'il exclut les impôts et taxes payés, ainsi que les pénalités payables par l'emprunteur en cas de non respect d'une de ses

---

69 Décision n° CM/UMOA/011/06/2013 du 28 juin 2013 fixant le taux de l'usure dans les Etats membres de l'UMOA.

70 S. SARR, économiste-financier, quotidien Walfadjri du 17 Mars 2009.

71 Art. 3 de la loi n° 2021-19 portant définition et répression de l'usure.

72 Au moment de faire un prêt, le taux d'intérêt doit être fixe ou variable. Contrairement au taux fixe dont la possible modification en cours d'exécution du contrat ne peut résulter que d'une commune volonté des parties, le taux variable peut permettre une modification unilatérale du contrat. Très souvent, le contrat de prêt stipule qu' « en cas de relèvement de son taux interne, la BANQUE se réserve le droit de modifier à la hausse le taux initial du prêt consenti à l'EMPRUNTEUR. Dans ce cas, elle lui fournit un nouveau tableau d'amortissement après l'avoir informé du changement de taux ».

obligations contractuelles, les frais de transfert de fonds ainsi que les frais relatifs au maintien éventuel d'un compte permettant la gestion du prêt.

25.- Au montant des commissions et frais exprimés en francs CFA hors taxes ou en pourcentage hors taxes, s'ajoute lorsqu'elle est due, la Taxe sur les Activités Financières (TAF) au taux en vigueur à la date de l'opération. La TAF est actuellement à 17%.

26.- Les pratiques de taux d'intérêts qui vont au-delà du TEG sont sévèrement réprimées. Aux termes de l'article 7 de loi portant définition et répression de l'usure, « sera puni d'un emprisonnement de deux mois à deux ans et d'une amende de 100.000 à 5.000.000 de F.CFA ou de l'une de ces peines seulement, quiconque aura consenti à autrui un prêt usuraire ou apporté sciemment, à quelque titre et de quelque manière que ce soit, directement ou indirectement, son concours à l'obtention ou à l'octroi d'un prêt usuraire ». L'article ajoute qu'en cas de récidive, « le maximum de la peine sera porté à cinq ans d'emprisonnement et à 15.000.000 de F.CFA d'amende ». L'article 8 énonce aussi que « le tribunal peut ordonner la publication de sa décision aux frais du condamné dans les journaux qu'il désigne, ainsi que sous toute forme qu'il appréciera ; la fermeture provisoire ou définitive de l'entreprise qui s'est livrée ou dont les dirigeants se sont livrés à des opérations usuraires, assortie de la nomination d'un administrateur ou d'un liquidateur ». Le même article poursuit : « en cas de fermeture provisoire, le délinquant ou l'entreprise doit continuer à payer à son personnel, les salaires et indemnités de toute nature auxquels celui-ci a droit. Cette durée ne saurait excéder trois mois. En cas de récidive, la fermeture définitive sera ordonnée ».

27.- Malgré les dispositions sur l'usure, l'étude Diagnostique sur la Protection des Consommateurs de Services de Microfinance au Sénégal, finalisée en septembre 2011, constate que les institutions de microfinance vont souvent au-delà du taux d'usure fixée par la loi[73]. Le dépassement du TEG, constitutif par ailleurs d'usure, peut malheureusement trouver son appui dans la loi elle-même. En effet, l'article 7 du modèle de Décret-cadre adopté par la BCEAO, relatif au

[73] Etude rapportée par sudonline le 09/09/2011 | 09H28 GMT par Malick NDAW. La gazette mardi 25 octobre 2011. Voir aussi, F. NDIAYE, *Microfinance en Afrique de l'ouest, Quelle viabilité ?,* op. cit., p. 59. Voir aussi M. SAMB, « Le droit de la microfinance dans les pays de l'espace OHADA », Revue ERSUMA/2012, p. 51.

calcul du taux effectif global exclut, dans le cas d'un prêt subordonné à la constitution d'une épargne préalable, la phase d'épargne dans le calcul du TEG. Cette disposition ouvre une brèche importante dans la limitation des taux d'intérêts : en effet, les institutions pouvant effectuer des opérations d'épargne-crédit pourront rehausser sensiblement leur rémunération en imposant à leur client une épargne préalable bloquée dans l'institution, et pas ou faiblement rémunérée. Par exemple, dans l'hypothèse d'un prêt d'un an, remboursable à terme, d'un montant de 200 et d'un TEG de 24%, avec une épargne préalable bloquée de 100, rémunérée à 12%, le taux réellement pratiqué par l'institution sera de 36%, correspondant à un prêt effectif de 100, produisant 48 d'intérêts, desquels il faut déduire 12 de rémunération pour la phase d'épargne bloquée.

Par ailleurs, la pratique de certains SFD révèle que les agents de crédit visitent les clients à leur domicile ou sur leur lieu de travail pour évaluer leur capacité à rembourser à travers des interviews auprès des références et de la famille du client. Ces déplacements permettent d'asseoir une culture de remboursement et facilitent le suivi. En revanche, ils peuvent coûter chère. Un crédit de 100 000 francs CFA, payable normalement en dix échéances, octroyé pour la transformation de la farine de blé en beignets, va occasionner pour une institution de microfinance, une dizaine de déplacements pour le suivi-remboursement pouvant correspondre à la moitié du principal prêté. Les SFD ne supportent que très partiellement ces coûts, préférant les transférer sur l'agent de crédit payé mensuellement, contrôlé et rémunéré, en partie, sur la qualité de son portefeuille.

28.- Dans la pratique du prêt, l'emprunteur peut, à tout moment, sur sa demande, rembourser par anticipation tout ou partie du capital restant dû sous réserve de saisir la banque à l'avance. Cependant, très souvent est prévue dans les contrats une clause de paiement d'une indemnité de remboursement anticipé.

Paragraphe 2 : Sanction de la défaillance du débiteur

29.- La violation des obligations résultant du contrat de prêt expose le débiteur à des sanctions civiles et, exceptionnellement, pénales.

A. Sanction civile

30.- Outre les sanctions classiques qui peuvent résulter du manquement à une obligation contractuelle, dans le cadre du contrat de prêt d'argent, le débiteur subira aussi celles résultant du cas des obligations de sommes d'argent.

Aux termes des dispositions de l'article 8 COCC, sauf dispositions contraires, le débiteur d'une somme d'argent doit être mis en demeure de s'exécuter. Les dommages et intérêts moratoires sont dûs, sans que le créancier soit tenu de justifier d'aucune perte, et n'excédent pas, sauf convention contraire, les intérêts légaux. Les intérêts échus pour une année entière produisent des intérêts dès lors qu'ils sont judiciairement réclamés, sous réserve des règles spéciales aux contrats commerciaux.

31.- Le débiteur doit exécuter l'obligation sans que le créancier puisse être contraint de recevoir une prestation différente. En effet, le créancier peut convenir avec le débiteur d'une dation en paiement, d'une prestation de remplacement en nature[74]. C'est un mode d'extinction de l'obligation qui permet au débiteur de se libérer par autre chose que ce qu'il devait. Le créancier est indirectement satisfait, car il n'obtient pas la chose prévue au contrat, mais une chose réputée équivalente par les parties. La force obligatoire qui fonde les contrats rend alors obligatoire un accord des parties.

La convention de dation en paiement emporte transfert de la propriété dans les conditions du droit commun. A défaut d'exécution de la convention, le créancier peut obtenir l'exécution forcée de l'obligation primitive ou de prestation de remplacement.

32.- Par ailleurs, il est à noter qu'en dehors de la volonté du créancier et quelle que soit la nature de l'obligation, le débiteur peut bénéficier de délais de paiement par suite d'un moratoire légal ou d'un délai de grâce que lui accorde le juge[75].

---

[74] Art. 212 COCC.

[75] Art. 173 COCC.

Le délai de grâce peut être accordé par le juge lorsqu'il prononce la condamnation, et par le juge des référés même après la condamnation.

33.- Les clauses monétaires, telles que clause or, payable en or ou en monnaie étrangère, ne sont valables que dans les paiements internationaux[76].

B. Sanction pénale

34.- Exceptionnellement, le manquement par un débiteur de ses obligations dans le cadre d'un contrat de prêt d'argent[77] peut fonder sa responsabilité pénale. C'est le cas lorsqu'il s'agit de détournement des prêts consentis ou garantis par l'Etat.

Quiconque ayant bénéficié d'une avance, d'un prêt, d'un aval ou d'une garantie sous une forme quelconque, soit de l'Etat, soit d'un organisme de crédit, d'un organisme de commercialisation, ou d'un fonds ayant la forme d'un établissement public ou fonctionnant sous la tutelle de l'Etat, aura employé tout ou partie des sommes d'argent qui lui ont été prêtées ou avancées à des fins ou dans des conditions autres que celles prévues au contrat de prêt où d'avance, sera puni d'un emprisonnement d'un an au moins et de cinq ans au plus, et d'une amende de 100.000 à 1.000.000 de francs.

Sera puni des mêmes peines le bénéficiaire qui donnera à tout ou partie des marchandises achetées une destination autre que celle prévue au contrat ou qui sera, à la demande de l'organisme créancier, dans l'impossibilité de justifier de l'utilisation des sommes reçues ou les représenter.

35.- Les bénéficiaires de financement, comme dans le cadre de la Délégation générale à l'Entreprenariat Rapide des Femmes et des Jeunes (DER/FJ), peuvent ainsi être pénalement poursuivis. Créée par décret n° 2017-2123 du 15 novembre 2017, la DER/FJ a pour mission l'impulsion et la promotion de l'entreprenariat des femmes et des jeunes, à travers notamment la mobilisation de ressources et le financement de projets de création d'entreprise et de soutien aux activités génératrices de revenus. Chargée de mettre en œuvre des procédures simplifiées de financement des projets, en relation avec les

---

76 Art. 185 COCC.

77 Pour les prêts d'usage, la responsabilité pénale peut être engagée sur le fondement de l'article 383 du Code pénal relatif à l'abus de confiance.

organismes publics et privés, elle s'appuie souvent sur des SFD pour des prêts à taux bonifié[78].

Le Sénégal s'est, en outre, doté d'un Fonds de Garantie des Investissements Stratégiques (FONGIP) en 2013[79]. Il a été mis sur pied pour agir en complémentarité avec les autres entités publiques de l'écosystème financier afin de mobiliser les ressources financières publiques et privées destinées aux MPME en apportant un meilleur confort aux institutions financières. Ses trois principales missions sont :

- Garantir des crédits bancaires pour le financement des projets porteurs de croissance dans les secteurs prioritaires ;
- Refinancer des institutions de micro finances pour leur permettre d'accorder des crédits aux Micros Petites et Moyennes Entreprises (MPME), aux groupements de femmes et de jeunes à des taux d'intérêts bonifiés ;
- Mettre en place un dispositif permanent d'accompagnement et de suivi des porteurs de projets sur tout le territoire.

Paragraphe 3 : La sécurisation de crédit

36.- Outre l'effet dissuasif des mesures de sanction du débiteur défaillant, le crédit peut être sécurisé à travers l'information et les garanties prises.

L'art d'être tantôt audacieux, tantôt prudent, étant l'art de réussir, le créancier doit préserver sa dette, doit encadrer le risque. En effet, il est bien connu que la sécurité juridique – qualifiée de plus « impérieuse » des valeurs sociales par P. ROUBIER[80] – est une nécessité qui ne pourrait être assurée sans l'existence d'une confiance dans les affaires.

---

[78] v. **supra n° 14.**

[79] Sur la liste des fonds qui existent, on peut aussi citer le Fonds d'Appui à l'Investissement des Sénégalais de l'Extérieur (FAISE), le Fonds Souverain d'Investissements Stratégiques (FONSIS), le Fonds de garantie des projets artisanaux, le Fonds national de promotion de l'entreprenariat féminin.

[80] P. ROUBIER, Théorie générale du droit, 1ère édition, Sirey, 1946, spéc. p. 72 : « ...le besoin de sécurité (...) commande tout l'ordre social... » et il est « ...le premier et le plus impérieux de tous ».

A. La sécurisation par l'information

37.- Il est ici question d'une sécurisation *intuitu personae* du crédit. Elle passe par l'identification économique du débiteur pour éviter le risque d'insolvabilité car dans le domaine des affaires, la confiance est beaucoup plus un sentiment raisonné, calculé. Apprécier la solvabilité du débiteur revient à voir s'il présente des garanties de paiement, si sa situation financière lui permettra d'honorer ses engagements. Plusieurs éléments peuvent être utilisés en ce sens.

38.- L'étude des documents financiers produits par le débiteur qui s'attache aux critères de liquidité ou de surface financière et envisage les perspectives de développement de son activité est la méthode la plus utilisée. Cela traduit l'importance du régime juridique des obligations comptables du commerçant[81]. Cependant, la forte présence du secteur informel minimise l'efficacité de telles règles.

D'autres sources d'informations notamment le bulletin de salaire aussi offrent la possibilité d'avoir une idée sur la santé financière d'un débiteur.

39.- Le droit bancaire, dans sa volonté de minimisation du risque, a développé un système d'information afin de permettre une identification économique des personnes qui sollicitent le crédit. Il en est ainsi des informations disponibles au niveau du fichier de centralisation des incidents de paiement mais aussi celles dans le fichier de centralisation des risques auprès de la BCEAO.

40.- Par la loi n° 2014-02 du 6 janvier 2014 portant réglementation des Bureaux d'Information sur le Crédit dans les Etats membres de l'Union monétaire Ouest africaine (UMOA), le législateur sénégalais a mis en place le Bureaux d'Information sur le Crédit « BIC » ou « Credit Reference Bureau ». C'est une institution qui collecte, auprès des organismes financiers, des sources publiques et des grands facturiers (sociétés de fourniture d'eau, d'électricité, sociétés de téléphonie, etc.), des données sur les antécédents de crédit ou de paiement d'un client. Ces informations sont, ensuite, commercialisées auprès des Etablissements de crédit, des Systèmes Financiers Décentralisés (SFD) et des grands facturiers, sous la forme de rapports de solvabilité détaillés.

---

[81] v. Acte uniforme portant sur le droit commercial général.

Le BIC constitue pour les établissements de crédit, les SFD et les autres institutions financières concernées, un outil d'analyse, d'évaluation et de gestion des risques, qui permet d'anticiper le surendettement des emprunteurs, de prendre de meilleures décisions dans l'octroi des crédits, de réduire l'asymétrie de l'information et d'augmenter le volume des emplois avec une amélioration de la qualité du portefeuille.

La mission du BIC est tributaire du consentement du client. Il est impératif qu'il y ait une autorisation écrite, signée, spécifique et informée par laquelle, le client, personne physique ou morale, donne explicitement son accord au prêteur ou au fournisseur de services de partager les données le concernant, y compris ses données personnelles, avec les utilisateurs et le BIC ou pour consulter auprès du BIC des informations sur sa solvabilité.

B. La sécurisation par les garanties

41.- Le droit de gage général s'avérant, en pratique, insuffisant pour préserver le créancier chirographaire de l'impécuniosité future du débiteur, il est souvent sollicité des garanties.

42.- La garantie sollicitée peut être une sûreté.

Une sûreté est l'affectation au bénéfice d'un créancier d'un bien, d'un ensemble de biens ou d'un patrimoine afin de garantir l'exécution d'une obligation ou d'un ensemble d'obligations, quelle que soit la nature juridique de celles-ci et notamment qu'elles soient présentes ou futures, déterminées ou déterminables, conditionnelles ou inconditionnelles, et que leur montant soit fixe ou fluctuant.

L'acte uniforme portant organisation des sûretés distingue les sûretés personnelles des sûretés réelles.

Les sûretés personnelles régies par l'Acte uniforme sont le cautionnement et la garantie autonome.

Les sûretés réelles se subdivisent en sûretés réelles mobilières et en sûretés réelles immobilières. Si la famille des sûretés mobilières se compose du droit de rétention, de la propriété retenue ou cédée à titre de garantie, du gage de meubles corporels, du nantissement de meubles incorporels et des privilèges, l'hypothèque est la seule sûreté réelle immobilière retenue.

43.- Toute sûreté est une garantie mais l'inverse n'est pas toujours vrai puisque la garantie est plus large. La notion de garantie englobe, au-delà des sûretés *stricto sensu*, certains mécanismes ou règles consubstantiels à tout rapport d'obligation : les sanctions classiques de la défaillance contractuelle du débiteur (l'exception d'inexécution, la résolution ou résiliation du contrat pour inexécution, la responsabilité contractuelle, l'exécution forcée, etc.) ou encore la compensation (paiement indirect), la solidarité passive, l'obligation *in solidum*, l'action directe, l'action oblique, l'action paulienne, etc.

La garantie peut être une domiciliation de revenus, une assurance, une lettre de confort, etc.

LES *BUSINESS ANGELS*

44.- Les *business angels* peuvent être définis comme des investisseurs privés qui apportent une partie de leur patrimoine personnel à de jeunes entreprises innovantes sans rechercher de rendement immédiat, mais dans une perspective de succès à terme[82].

45.- Le *business angel* traduit la rencontre d'un porteur de projet et d'un bailleur de fonds. Alors que l'un est à la recherche de financement, l'autre souhaite investir mais aussi partager son expérience ou faire bénéficier de son carnet d'adresses. Il est alors un mariage de raison. Outre les finances, l'initiateur du projet profite de l'accompagnement de l' « investisseur providentiel » qui est, très souvent, un ou ancien chef d'entreprise. Il fait profiter son partenaire de son réseau mais aussi de ses conseils.

46.- La mise en relation peut être spontanée. Elle peut aussi être provoquée par des intermédiaires institutionnels ou privés.

Paragraphe 1 : Vecteur du *business angel*

47.- La collaboration peut être portée par un contrat. Ce sera le cas si le financement se fait par don ou par prêt. Cependant, dans cette dernière situation, l'investisseur supporte le risque d'insolvabilité de son partenaire.

48.- L'intervention de l'investisseur peut être constitutive d'un apport. Les deniers peuvent prendre la forme d'un apport en numéraire et les compétences et/ou services, un apport en industrie. Le vecteur du *business angel* sera alors une société commerciale avec les avantages qui découlent de la personnalité juridique, surtout lorsque le choix porte sur une société où la responsabilité est limitée aux apports.

La société en commandite simple (SCS) est une forme sociale très adaptée. Outre sa responsabilité limitée à son apport, l'investisseur

82 Voir, Le Financement, in 107e congrès des notaires de France, Cannes 5-6 juin 2011, p. 496.

associé-commanditaire profite de la pression née du statut d'associé commandité auquel sera soumis le porteur de projet[83].

La SCS est la matérialisation de l'adage selon lequel « l'art d'être tantôt prudent, tantôt audacieux, est l'art de réussir ». En effet, elle est un choix stratégique pour ceux qui cherchent un équilibre entre responsabilité et investissement. Elle est le vecteur d'un mariage entre :

- des détenteurs de capitaux qui souhaitent les investir, avec le minimum de risque, tout en disposant d'un droit de contrôle sur la gestion ;
- des porteurs d'idées ou de savoir-faire, en quête de financement et disposer à prendre des risques, en contrepartie d'un rendement plus élevé, d'une part de bénéficie plus importante.

La SCS est aussi une voie de contournement de la prohibition du prêt avec intérêt. L'investisseur porte le manteau d'un associé commanditaire qui effectue un apport avec ses conséquences.

La société commerciale offre aussi l'opportunité d'organiser le séjour dans la société mais aussi la sortie[84].

Les parties peuvent aussi se constituer en société en participation[85]. Cependant, dans cette situation, même si elles ont la possibilité d'organisation par un contrat la relation, elles ne profiteront pas de l'écran sociétaire du fait de l'absence de personnalité juridique de la société en participation

Paragraphe 2 : Intérêt du *business angel*

49.- Financement participatif, le *business angel* peut être très utile surtout pour accompagner les investisseurs délaissés par le financement institutionnel. C'est aussi une opportunité pour le développement des start-ups.

Au regard de leur rôle déterminant dans le développement économique et social, les innovations, notamment celles technologiques, constituent un levier essentiel de démultiplication des gains de productivité et d'accroissement de la compétitivité des services administratifs ainsi que de tous les secteurs clés de l'Économie, à

---

[83] v. **infra n° 171**.
[84] v. **infra n° 200.**
[85] v. **infra n° 167**.

travers le rehaussement qualitatif et la diversité de l'offre des biens et services. Prenant conscience de l'importance de ces enjeux, l'État du Sénégal a adopté la Loi n°2020-01 du 6 janvier 2020 relative à la création et à la promotion de la start-up au Sénégal. La start-up est une « entreprise innovante et agile, légalement constituée depuis moins de 8 ans, dotée d'un fort potentiel de croissance à la recherche d'un modèle économique disruptif et de mécanismes de financement adaptés à sa spécificité en vue de déployer sa capacité exceptionnelle de création de valeurs »[86]. Pour être sous le joug de la loi de 2020, elle doit être créée sur le territoire sénégalais avec un capital social détenu au moins au 1/3 par des personnes physiques de nationalité sénégalaise ou résidentes au Sénégal ou par des personnes morales ayant leur siège social au Sénégal. La loi s'applique également à toute startup créée par des sénégalais établis à l'étranger dont le capital est détenu au moins à 50 % par ces derniers.

Dans le but de mettre en place un cadre incitatif à la création et à la promotion de la startup au Sénégal, la loi prévoit d'importantes innovations qui ont notamment trait à :

- la création d'un cadre spécifique d'appui et de gouvernance des start-ups de droit sénégalais ;
- la mise en place d'un régime juridique adapté pour l'enregistrement et la labélisation des start-ups sénégalaises ;
- la création d'un centre de ressources dédié aux start-ups sénégalaises, en vue notamment de faciliter les procédures de labélisation ainsi que l'effectivité des mécanismes d'appui mis en place ;
- la consécration d'un paquet de mesures incitatives pertinentes qui s'alignent à l'impératif de promotion et d'appui au développement de la startup sénégalaise.

50.- Le *business angel* est aussi une opportunité pour les PME qui constituent aujourd'hui la base du tissu économique sénégalais. En effet, elles sont non seulement le moteur de la croissance, mais également un levier puissant du secteur privé. Aujourd'hui, elles représentent plus de 90 % des entreprises au Sénégal, concentrent environ 3 % des emplois, 25 % du chiffre d'affaires et 20 % de la valeur

[86] Art. 3 de la loi de 2020 relative à la création et à la promotion de la start-up au Sénégal.

ajoutée nationale[87]. Leur impact sur l'économie sénégalaise est donc réel.

51.- Par ailleurs, les *business angels* peuvent impacter considérablement la politique de formalisation des entreprises du secteur informel.

---

[87] Exposé des motifs de la loi d'orientation relative à la Promotion et au développement des petites et moyennes entreprises au Sénégal, JO n° 6440 du samedi 29 novembre 2008.

LA TONTINE

52.- La tontine, qui a précédé l'usage de la monnaie, permettait autrefois de constituer une communauté de travail pour rentabiliser les travaux agricoles et pour réparer le toit des maisons quand la tempête s'était abattue sur le village[88].

« Les tontines sont des associations regroupant des membres d'un clan, d'une famille, des voisins ou des particuliers, qui décident de mettre en commun des biens ou des services au bénéfice de tout un chacun, et cela à tour de rôle »[89].

Paragraphe 1 : Pratique de la tontine au Sénégal

53.- Dans la pratique sénégalaise, le mécanisme de la tontine consiste, pour un groupe de personnes, à se cotiser pour financer un des leurs. L'objet du financement peut consister en la remise d'une somme d'argent ou en l'octroi d'un bien (généralement mobilier). De plus en plus, on assiste à des tontines orientées sur les besoins ponctuels des membres. Par exemple :

- tontine pour aller aux lieux saints de l'Islam ou de la chrétienté ;
- tontine pour du matériel de construction (ciment, fer, ...)
- tontine pour des tissus ;
- tontine pour du mobilier de maison ;
- etc.

---

[88] A. KANE, *Tontines, caisses de solidarité et banques ambulants. Univers des pratiques financières informelles en Afrique et en milieu immigré africain en France*, L'Harmattan 2010, p. 9 ; M. LELART, « L'épargne informelle en Afrique », Revue des Etudes comparatives, n° 14, 2e trimestre, p. 53.

[89] F.J.A. BOUMAN, « Indigenous savings and credit in the Third World. A message », Savings and Development, n° 4, p. 181-219, cité par S. ISSOUFOU, « Le phénomène tontinier au Burkina Faso : étude sur 69 cas », Revue internationale P.M.E., Volume 5, numéro 3-4, 1992, p. 155.

La personne financée rembourse par traites les sommes reçues ou la valeur du bien reçu dont elle pourra devenir propriétaire après paiement intégral des mensualités. La tontine renvoie ainsi à un groupe d'individus qui s'accordent pour constituer, selon une périodicité fixée conventionnellement, un fond commun qui sera remis (en totalité ou en partie) à chacun des participants à tour de rôle[90].

54.- La tontine s'opère ainsi au Sénégal sous forme d'associations plutôt que de placements.

On distingue les « placements tontiniers » des « associations tontinières », qui sont des sortes de sociétés mutuelles ayant cours en Afrique.

> Juridiquement, le placement tontinier, dite aussi « clause d'accroissement » ou, plus justement, « clause relative à la condition de survie », est une clause insérée dans le contrat par lequel plusieurs personnes achètent un même bien, meuble ou immeuble, en commun. Elle prévoit que ce bien reviendra en pleine propriété au dernier des survivants, après le décès de tous les autres coacquéreurs. En d'autres termes, chaque coacquéreur est propriétaire sous la condition suspensive de sa survie et sous la condition résolutoire de son prédécès. Ainsi, au décès des coacquéreurs, le survivant est rétroactivement considéré comme seul propriétaire du bien dans son entier et il est censé l'avoir été dès l'acquisition
>
> Ce n'est pas une copropriété qui est ainsi organisée car chaque acheteur est supposé seul propriétaire du bien sous la condition qu'il soit le seul survivant. Par conséquent, lorsque tous les coacheteurs sont décédés sauf un, il est réputé avoir été seul propriétaire du bien depuis le jour de l'acquisition et ses coacquéreurs, décédés avant lui, sont supposés n'avoir jamais rien possédé. L'acquisition doit être faite, non pas indivisément, mais au nom du survivant, le mécanisme fondé exclusivement sur la condition, qui éteint rétroactivement les droits du prémourant, étant exclusif de toute indivision. Comme l'a écrit M. DAGOT, « des deux acquéreurs, l'un est propriétaire de l'immeuble tout entier et l'autre ne l'est pas du tout : seulement, jusqu'au décès du

---

[90] Pour une étude détaillée de la tontine, voir A. KANE, *Tontines, caisses de solidarité et banques ambulants. Univers des pratiques financières informelles en Afrique et en milieu immigré africain en France*, op. cit., p. 145.

prémourant, on ne sait pas lequel est propriétaire et lequel ne l'est pas ; contrairement à ce qui se passe dans une indivision, les droits des intéressés s'excluent l'un l'autre (sauf en ce qui concerne la jouissance) ; l'indivision suppose, au contraire par essence, des droits concurrents, parallèles et de même nature, mais non incompatibles ni contradictoires »[91]. Ce que va confirmer la cour de cassation française[92].

La clause de tontine permet également de détourner les règles de la réserve héréditaire.

55.- Les participants à la tontine s'engagent à verser une somme prédéterminée à une fréquence donnée. Pour chaque tour de versement, un des participants est désigné pour être le bénéficiaire des fonds des autres participants ou des biens achetés. Deux modes de désignation du bénéficiaire existent : soit un tirage au sort avant chaque versement ou au début du cycle, soit un consensus qui détermine l'ordre de passage des participants.

Pour le premier bénéficiaire, la tontine s'apparente à un crédit ; pour le dernier participant, elle s'apparente à une épargne. Il en résulte des avantages manifestent de la tontine.

Surtout dans le cadre de la désignation par consensus, la tontine offre l'opportunité d'adapter le crédit au besoin de chaque membre. C'est souvent en considération de ses prévisions que chaque membre s'inscrira sur l'ordre des levées de fonds. En outre, rien n'interdit à un bénéficiaire de céder (gratuitement ou non) son tour à un autre membre. Des participants peuvent aussi se partager les fonds disponibles.

La tontine est aussi un outil efficace pour favoriser l'épargne. Sa nature *intuitu personae* exige un certain comportement de chaque membre par rapport à la régularité des versements. Il y a une véritable obligation sociale qui autorise difficilement la défaillance.

56.- La conception sénégalaise de la tontine reflète ainsi une mutualisation d'efforts pour procurer de l'argent ou un bien à une personne qui devra payer selon une périodicité fixée, généralement mensuellement. Déjà en 2013, selon le rapport de l'Agence Nationale de la Statistique et du Développement (ANSD), les tontines ont financé

---

[91] M. DAGOT, « L'acquisition faite au profit du survivant des acquéreurs », JCP 1972, I, 2442, n° 8.

[92] Cass. civ., 1ère ch., 27 mai 1986, Bull. civ. I, n° 140 ; D. 1987, p. 139 note M. DAGOT.

1,4% du capital des unités de production informelles, tandis que 2,9% des UPI ont eu recours aux prêts bancaires et 2,5% aux institutions de microfinance.

En 2017, l'analyse du financement des entreprises révèle que, sur 407 882 unités économiques réparties sur l'ensemble du pays, 19,6% des unités économiques ont sollicité un financement auprès de leurs familles ou amis, 15,2% font recours au micro-crédit et 12,6% participent à des tontines[93].

57.- La gestion de la tontine est toujours confiée à un ou certains membres élus qui doivent rendre compte au groupe. L'activité des gérants est à titre gratuit ou à titre onéreux. Les membres définissent le mode d'organisation du groupe et fixe, pour la tenue des assemblées, le siège social, s'il y a lieu. Très souvent, c'est la résidence du gérant.

Le paiement d'un droit d'entrée est un élément de différenciation des tontines. Cependant, l'entrée repose toujours sur la confiance inspirée. On exige souvent que les nouveaux membres soient présentés par un ancien membre ou le président à titre de caution morale. En effet, par rapport à la durée, la tontine est souvent constituée pour un cycle renouvelable par tacite reconduction.

Pour prendre en compte les cas de force majeure, tels que le décès, la maladie ou les changements de domicile, certaines tontines exigent de chaque membre un dépôt obligatoire, une caution, un aval, une adresse fixe, etc.

Paragraphe 2 : Tontine et droit sénégalais

58.- Pratique très usitée, la tontine n'échappe pas au droit. D'abord, elle est une association, un « contrat par lequel deux ou plusieurs personnes mettent en commun leur activité, et au besoin, certains biens, dans un but déterminé autre que le partage de bénéfices.»[94].

Aux termes des dispositions de l'article 813 du COCC, les règles générales sur la formation du contrat s'appliquent à l'association. Elle acquiert la personnalité juridique par sa déclaration, suivant dépôt de ses statuts auprès de l'autorité compétente. Cette déclaration doit être

[93] Ministère de l'économie, des finances et du plan, Agence nationale de la statistique et de la démographie (ANSD), Rapport global du recensement des entreprises, Janvier 2017, p. 42.

[94] Art. 811 COCC.

faite dès sa constitution[95]. C'est l'association dotée de la personnalité morale qui peut recevoir les cotisations de ses membres.

59.- En considération de ces développements, la pratique actuelle de la tontine relève essentiellement de l'informel alors que le mécanisme de formalisation est assoupli. L'association se forme librement sans aucune formalité que celle de la déclaration préalable et de l'enregistrement de cette déclaration.

L'autorité administrative compétente ne peut refuser l'enregistrement que pour des motifs de légalité et notamment :

- si les statuts ne sont pas conformes aux dispositions de l'article 814 COCC ;
- si l'objet de l'association est illicite ou s'il résulte de présomptions graves et concordantes que sa constitution est en fait destinée à porter atteinte à l'ordre public ;
- si l'association constitue en fait la reconduction d'une association dissoute par l'autorité judiciaire ou par le pouvoir exécutif.

Le refus d'enregistrement doit être motivé. En outre, il peut faire l'objet du recours pour excès de pouvoir devant la Cour suprême.

60.- En l'absence de personnalité morale pour l'association, il appartiendra aux membres de la tontine d'agir individuellement pour la défense de leur intérêt. Il en sera ainsi s'il survient une défaillance dans le versement des fonds.

Manquement imputable à un membre *es qualité*. Il peut arriver qu'un membre, après avoir bénéficié d'une levée de fonds, ne respecte plus son obligation de versement périodique. Dans ce cas, il doit pouvoir être poursuivi sur le terrain du droit civil du remboursement des obligations de sommes d'argent.

Si le membre n'a pas encore bénéficié d'une levée de fonds, il devra être créancier d'une obligation de remboursement, sauf stipulation contraire. La valeur d'une telle stipulation est discutable lorsque la société n'a pas la personnalité morale. En effet, aux termes des dispositions de l'article 822 COCC, sont frappés de nullité absolue tous actes entre vifs ou à cause de mort, à titre onéreux ou gratuit, apparents ou simulés, accomplis directement ou par personne interposée qui ne respectent pas les dispositions relatives à la capacité des associations.

---

[95] Art. 818 et 819 COCC.

Manquement imputable à un gérant *es qualité*. Si le manquement est imputable au gérant, il doit pouvoir être poursuivi pour abus de confiance.

Article 383 du Code pénal :

Quiconque ayant reçu des propriétaires, possesseurs, ou détenteurs, des effets, deniers, marchandises, billets, quittances ou écrits contenant ou opérant obligation ou décharge à titre de louage, de dépôt, de mandat, de nantissement, de prêt à usage' ou pour un travail salarié ou non salarié, n'aura pas, après simple mise en demeure, exécuté son engagement de les rendre ou représenter ou d'en faire un usage ou un emploi déterminé, sera puni d'un emprisonnement de six mois au moins et quatre ans au plus et d'une amende de 20.000 francs au moins et de 3.000.000 de francs au plus.

Il n'y a pas de délit lorsque l'inexécution de l'engagement a pour cause la force majeure, le fait du remettant ou d'un tiers ou la faute involontaire de l'auteur. Celui-ci peut établir le fait justificatif par tous moyens.

LA LOCATION MOBILIÈRE

61.- Acheter ou louer ? Devant le coût du bien, le prendre en location peut s'avérer beaucoup plus économique. La durée de l'utilisation projetée ainsi que l'impossibilité (légale ou volontaire) de transférer la propriété, peuvent aussi justifier l'intérêt d'une location.

Contrairement aux actes translatifs de propriété, la location accorde la jouissance, l'utilité du bien, pour une durée[96]. Alors que le bailleur conserve la propriété juridique du bien, en plus des loyers perçus, le contrat reconnaît au locataire une propriété économique du bien, « le droit de disposer activement ou passivement de la totalité de la substance économique d'un bien dont la propriété appartient à autrui »[97]. En effet, l'exploitation d'un bien peut procurer des avantages économiques semblables sinon identiques à ceux donnés par l'exercice du droit propriété[98].

62.- Acte de commerce par nature[99], la location mobilière peut porter sur tous les biens meubles. Elle peut porter sur des meubles corporels, mais aussi sur des meubles incorporels. L'objet de la location peut être :

- un mobilier ;
- des vêtements et/ou accessoires ;
- des animaux ;
- des véhicules ;
- des ustensiles ;
- du matériel ;
- etc.

63.- Preneur et bailleur supportent les obligations classiques qui résultent du contrat de louage. En d'autres termes, le bailleur est tenu :

---

96 Art. 544 COCC.

97 G. BLANLUET, « Brèves réflexions sur la propriété économique », Dr. Patr. 2001, p. 80

98 T. A. NDIOGOU, « La propriété économique en droit sénégalais », R.I.D.C. 2-2020, p. 453.

99 Art. 3 Acte uniforme portant sur le droit commercial général.

- de délivrer la chose ;

- de faire sur la chose, pendant la durée du bail, toutes les réparations autres que d'entretien, devenues urgentes ;

- de ne pas troubler la jouissance ;

- de garantir pour tous les vices ou défaut de la chose qui en empêchent un usage normal.

Le preneur devra :

- payer le loyer au terme convenu ;

- user de la chose louée en bon père de famille et suivant la destination qui lui a été donnée ;

- répondre des dégradations ou des pertes arrivant pendant sa jouissance ;

- assurer les réparations d'entretien.

64.- Lorsqu'elle prend les contours d'un prêt à usage, la location peut fonder une responsabilité pénale du locataire pour abus de confiance[100].

Etude de cas

- La personne affectée pour une durée déterminée dans une localité, peut équiper sa résidence par une location du matériel. Cela peut présenter plus davantage en termes de coût et peut lui éviter d'avoir à revendre le matériel s'il devait survenir un déplacement

Cette situation n'est pas à confondre avec la location en « meublé » ni avec la location en « garni » qui, elles, sont des activités civiles[101].

- Très souvent, lors des évènements, les organisateurs prennent en location le matériel et souvent les ustensiles.

- La location qui porte déjà sur des véhicules, peut s'ouvrir à des biens comme les vêtements. Cette pratique est déjà connue dans certains pays occidentaux. On y trouve des services de location de vêtements même par abonnement.

[100] Art. 383 du Code pénal.

[101] Droit français, Cass. civ., 30 avril 1862, DP 1862, 1, 351.

Avec l'utilisation de l'internet, les plateformes peuvent connaître un essor fulgurant. L'importance du commerce de seconde main atteste d'une possibilité de dépasser les réticences.

65.- L'entreprise qui a pour profession de donner en location ses biens, est un commerçant et doit se faire immatriculer au RCCM[102]. Elle peut aussi opter pour le statut allégé d'entreprenant[103]. Elle acquiert aussi le statut de commerçant si elle agit en qualité d'intermédiaire de commerce.

Le législateur OHADA retient trois types d'intermédiaires de commerce. Il s'agit du commissionnaire[104], du courtier[105] et de l'agent commercial[106].

66.- Le cas du prêt d'actions. Le prêt d'actions peut être défini comme le contrat aux termes duquel une personne, le prêteur, remet à une autre, l'emprunteur, une certaine quantité de titres que celui-ci s'engage à lui restituer à terme par équivalence, après en avoir disposé comme un propriétaire pendant la durée du prêt[107].

Si, pour l'emprunteur, le prêt d'actions peut être utile par exemple pour contrôler une société, le prêteur trouve l'occasion d'avoir des ressources financières[108].

---

[102] Art. 2 Acte uniforme portant sur le droit commercial général ; C. A. W. NDIAYE, Droit des entreprises individuelles (commerçant, entreprenant, bail à usage professionnel, fonds de commerce, vente commercial, commerce électronique), L'Harmattan Sénégal, 2ème éd. 2020.

[103] C. A. W. NDIAYE, Droit des entreprises individuelles (commerçant, entreprenant, bail à usage professionnel, fonds de commerce, vente commercial, commerce électronique), L'Harmattan Sénégal, 2ème éd. 2020.

[104] Le commissionnaire est un professionnel qui, moyennant le versement d'une commission, se charge de conclure tout acte juridique en son propre nom, mais pour le compte du commettant qui lui en donne mandat.

[105] C'est un professionnel qui met en rapport des personnes en vue de faciliter ou faire aboutir la conclusion de conventions entre ces personnes

[106] C'est un mandataire professionnel chargé de façon permanente de négocier et, éventuellement, de conclure des contrats de vente, d'achat, de location ou de prestation de services.

[107] J.-M. MOULIN, *Le droit de l'ingénierie financière – Le droit du financement du haut de bilan des sociétés*, Lextenso, 2013, p. 174.

[108] Sur la possibilité du prêt d'actions en droit sénégalais, C. A. W. NDIAYE, *Droit des sociétés de capitaux*, L'Harmattan Sénégal, 2ème éd. 2021, p. 110.

LE CRÉDIT-BAIL

67.- Le crédit-bail est un arrangement contractuel qui permet à une partie (le crédit-preneur) d'utiliser un actif appartenant à une autre personne (le crédit-bailleur) moyennant le paiement périodique d'une somme convenue, avec une possibilité d'achat du bien. Il est donc une opération consistant à utiliser le bien de l'autre et avoir la possibilité de l'acheter sans au préalable débourser.

Le financement des biens par la technique du crédit-bail ne saurait être considéré comme une pratique nouvelle dans la mesure où on fait remonter ses origines à 3000 ans avant J.-C, en pays Sumer[109]. En outre, le code d'Hammourabi[110], datant d'environ 1750 ans avant J.-C. consacrait déjà la légalité de cette pratique de financement avant son introduction dans l'ancienne Rome[111].

68.- Historique du crédit-bail. Les premières sociétés de crédit-bail à connotation moderne sont nées aux Etats-Unis au 20e siècle[112]. L'histoire révèle que c'est à partir de 1900 que les secteurs industriels de fabrication de chaussures, de bouteilles et d'ordinateurs vont utiliser la technique du crédit-bail pour la commercialisation de leurs

---

109 P. PHILIPPOSSIAN, *Le crédit-bail et le leasing*, Montréal, Edition SEFI, 1998, p. 6. Voir aussi, M.-E. SAURAT, *Le crédit-bail immobilier en droit Espagnol et en droit Français*, Thèse Université Toulouse, 2008, p. 8 : « La première preuve matérielle se situe environ 3000 avant Jésus Christ, dans la région Sumer, située au nord de la Mésopotamie entre les fleuves Euphrate et Tigre, ce qui correspond aujourd'hui en grande partie à l'Irak. Nous devons également préciser que c'est à cette civilisation qu'est attribué l'art de l'écriture ».

110 Ce texte ne répond pas à l'acception légaliste du droit (Code civil français), mais correspond plutôt au droit jurisprudentiel (Common law) : il recense, sous une forme impersonnelle, les décisions de justice du roi.

111 La première société de leasing connue est la famille des banquiers Murashu, aux environs de 500 ans avant Jésus Christ, dans la cité de Nippur, aujourd'hui connue sous le nom de Nutter, à une centaine de kilomètres de Babylone, Voir, M.-E. SAURAT, *Le crédit-bail immobilier en droit Espagnol et en droit Français*op. cit., p. 9.

112 Ch. DOSSE, « Le leasing aux Etats-Unis », Revue Banque 1976, p. 296.

productions[113]. Par ailleurs, en raison des contraintes imposées par la crise boursière de 1929, les industriels américains, afin de limiter les risques d'invendus, vont relancer le crédit-bail en préférant louer leurs biens plutôt que de les vendre. Cependant, c'est beaucoup plus la deuxième guerre mondiale, avec son lot de désolation, qui servira de tremplin à la renaissance du crédit-bail[114]. Cette guerre présentera le crédit-bail comme la technique de financement la mieux adaptée pour la reconstruction et la relance de l'économie américaine[115]. Ainsi, c'est au lendemain de la deuxième guerre mondiale que les Etats-Unis enregistreront leur première société de crédit-bail[116].

D'origine anglo-saxonne, le crédit-bail sera francisé dans les années 1960[117]. « L'enfant de l'Amérique »[118] a, en effet, été introduit en droit français en 1966[119] avant que l'ordonnance n° 67-837 du 28 septembre 1967[120] relative aux opérations de crédit-bail et aux sociétés immobilières pour le commerce et l'industrie ne vienne opérer une distinction entre le crédit-bail mobilier et le crédit-bail immobilier[121].

---

[113] M. GIOVANOLI, *Le crédit-bail en Europe : Développement et nature juridique*, Paris, Litec, 1980, p. 530.

[114] M.-E. SAURAT, *Le crédit-bail immobilier en droit Espagnol et en droit Français*, op. cit., p. 12.

[115] K.-A. DIAKA, *Le crédit-bail mobilier dans les procédures collectives*, Thèse, Université de Toulouse, 2010, p. 16.

[116] C'est en 1952 que sera créée la société United States Leasing Corporation. V., G. CHRISTIAN et D. CREMIEUX-ISRAEL, « Crédit-bail mobilier », JCP Banque et Crédit, Fasc. 640, p. 2, Juris-classeur 2001. Elle est la plus grande société de crédit-bail au Etats-Unis, V., C. DOSSE, « Le leasing (crédit-bail) au Etats-Unis », Revue Banque 1976, p. 296.

[117] La première société de crédit-bail Locafrance promue par la Banque d'Indochine a été constituée en avril 1962, voir, M.-E. SAURAT, *Le crédit-bail immobilier en droit Espagnol et en droit Français*, op. cit., p. 15.

[118] C. CHAMPAUD, La loi du 2 juillet 1966 sur le crédit-bail, JCP G. 1966. I. 2021.

[119] Loi n° 66-445 du 02 juil. 1966 relative aux entreprises pratiquant le crédit-bail, JO Fr. du 03 juillet 1966, p. 5652.

Au plan international, le crédit-bail est régi par la convention d'Ottawa du 28 mai 1988

[120] JO 29 septembre 1967.

[121] Le crédit-bail y est aujourd'hui défini par l'article L.313-7 du code monétaire et financier : « Les opérations de crédit-bail mentionnées par la présente sous-section sont :

1. Les opérations de location de biens d'équipement ou de matériel d'outillage achetés en vue de cette location par des entreprises qui en demeurent propriétaires, lorsque ces opérations, quelle que soit leur qualification, donnent au locataire la

Introduit dans le droit positif français en 1966, le crédit-bail y connaitra une évolution fulgurante[122]. Son vingtième anniversaire célébré à Paris le 25 novembre 1986 mettra en exergue la juste place de ce procédé financier : avec plus de 60.979.606.894,9 d'euros de financement de l'investissement[123] enregistrés.

Il faudra attendre cinq années après son introduction dans le droit français, pour voir le crédit-bail intégrer l'ordonnancement juridique sénégalais. En effet, le crédit-bail, connu également sous le nom de leasing, a été introduit dans la législation sénégalaise en 1971[124].

Le décret de 1971 définissait le crédit-bail comme une « opération de location d'immeubles à usage professionnel ou d'habitation, de matériel d'outillage ou de biens d'équipement, spécialement achetés par le bailleur en vue de cette location et dont ledit bailleur demeure

---

possibilité d'acquérir tout ou partie des biens loués, moyennant un prix convenu tenant compte, au moins pour partie, des versements effectués à titre de loyers ;
2. Les opérations par lesquelles une entreprise donne en location des biens immobiliers à usage professionnel, achetés par elle ou construits pour son compte, lorsque ces opérations, quelle que soit leur qualification, permettent aux locataires de devenir propriétaires de tout ou partie des biens loués, au plus tard à l'expiration du bail, soit par cession en exécution d'une promesse unilatérale de vente, soit par acquisition directe ou indirecte des droits de propriété du terrain sur lequel ont été édifiés le ou les immeubles loués, soit par transfert de plein droit de la propriété des constructions édifiées sur le terrain appartenant audit locataire.
En cas d'opération de crédit-bail sur le droit au renouvellement d'un bail, ce droit ne peut être invoqué que par le crédit-bailleur, par dérogation aux dispositions de l'article L. 145-8 du code de commerce. Les autres droits et obligations que le locataire tient des dispositions du décret précité sont répartis par contrat entre le propriétaire, le crédit-bailleur et le crédit-preneur.
3. Les opérations de location de fonds de commerce, d'établissement artisanal ou de l'un de leurs éléments incorporels, assorties d'une promesse unilatérale de vente moyennant un prix convenu tenant compte, au moins pour partie, des versements effectués à titre de loyers, à l'exclusion de toute opération de location à l'ancien propriétaire du fonds de commerce ou de l'établissement artisanal.
4. Les opérations de location de parts sociales ou d'actions prévues aux articles L. 239-1 à L. 239-5 du code de commerce, assorties d'une promesse unilatérale de vente moyennant un prix convenu tenant compte, au moins pour partie, des versements effectués à titre de loyers. »

[122] D. BARBE, « Les raisons du succès du crédit-bail immobilier », Revue Banque, 1980.

[123] D. DESURVIRE, « A propos du vingtième anniversaire du crédit-bail », Petites Affiches, 9 janvier 1987, n° 4, p. 21.

[124] Décret n° 71-458 du 22 avril 1971 fixant les conditions dans lesquelles les sociétés de leasing ou de crédit-bail sont habilitées à exercer leur activité, JO du 17 juillet 1971, p. 695.

propriétaire lorsque l'opération, quelle que soit sa dénomination, donne au locataire la faculté d'acquérir, au plus tard à l'expiration du bail, tout ou partie des biens loués , moyennant un prix convenu, tenant en compte, au moins pour partie, des versements effectués à titre de loyers »[125]. Aux termes de l'article 2 du même décret, les entreprises qui pratiquent le crédit-bail à titre de profession habituelle sont considérées comme des établissements financiers et sont soumises, à ce titre, aux dispositions de la loi n° 64-49 du 10 juillet 1964, des décrets n° 64-716 du 15 octobre 1964, 65-614 du 06 septembre 1965, n° 65-612 du 08 septembre 1965 qui réglementent les conditions d'activités des établissements financiers.

Cette réglementation sera complétée par un décret de 1984[126] relatif au classement, à la forme juridique et aux opérations des établissements financiers, décret qui va considérer le crédit-bail comme une opération relevant de l'activité des établissements de crédit[127].

Mais, dans un contexte sous-régional marqué par d'importantes mutations institutionnelles traduites notamment par la création de l'Union Monétaire Ouest Africaine (UMOA)[128], la réglementation du crédit-bail relèvera du droit communautaire[129]. L'UMOA se caractérise par la reconnaissance d'une unité monétaire dont l'émission est confiée à un institut d'émission commun prêtant son concours aux économies nationales, sous le contrôle des Gouvernements.

Le Conseil des Ministres de l'Union a mis en place une réglementation uniforme « concernant notamment : l'exécution et le contrôle de leurs relations financières avec les pays n'appartenant pas à l'Union, l'organisation générale de la distribution et du contrôle du

---

[125] Art. 1 du décret n° 71-458 précité.

[126] Décret n° 84-289 du 15 mars 1984 relatif au classement, à la forme juridique et aux opérations des établissements financiers.

[127] Art. 2 du décret n° 84-289.

[128] Traité du 12 mai 1962 instituant l'Union Monétaire Ouest Africaine (UMOA) entrée en vigueur le 1er novembre 1962. Le nouveau traité sera signé le 14 novembre 1973 à Paris.

[129] Le Traité constituant l'UMOA est complété par le Traité de l'Union Economique et Monétaire Ouest Africaine (UEMOA) entré en vigueur le 13 janvier 1994. Alors que l'UMOA ne vise à harmoniser que les législations monétaire et bancaire, l'UEMOA qui s'est fixée un objectif plus ambitieux, celui de créer entre les Etats membres un marché commun basé sur la libre circulation des personnes, des services, des capitaux, vise à harmoniser toutes les législations économiques en vue de réaliser cet objectif.

crédit, les règles générales d'exercice de la profession bancaire et des activités s'y rattachant, les effets de commerce, la répression de la falsification des signes monétaires et de l'usage des signes falsifiés »[130]. Dès lors, la loi bancaire, droit communautaire dérivé, s'applique aux établissements de crédit exerçant leur activité sur le territoire de la République du Sénégal, quels que soient leur statut juridique, le lieu de leur siège social ou de leur principal établissement dans l'UMOA et la nationalité des propriétaires de leur capital social ou de leurs dirigeants[131]. La loi bancaire de 2008[132] de l'UMOA apparaît, en effet, comme le point d'orgue d'une volonté politique tendant à mieux réglementer l'activité bancaire sous-régionale et par là, le crédit-bail. Aujourd'hui l'opération est portée par la nouvelle loi uniforme portant réglementation bancaire dans l'UMOA.

Paragraphe 1 : Régime juridique du crédit-bail

69.- Contrairement à la loi bancaire de 1990 qui se limitait à considérer le crédit-bail comme opération de crédit[133], la loi bancaire de 2008 et celle en vigueur, outre le crédit-bail, assimile de manière générale toute opération de location assortie d'une option d'achat à une opération de crédit[134].

La pratique professionnelle du crédit-bail, et de manière générale toute opération de location assortie d'une option d'achat, résulte ainsi du monopole des établissements agréés. Cependant, cette interdiction n'emporte pas prohibition, pour toute entreprise quelles que soient sa nature et son activité professionnelle, de conclure des contrats de location de logements assortis d'une option d'achat[135].

70.- La loi bancaire de 2008 définissait doublement le crédit-bail en tenant compte de la nature juridique du bien crédit-baillé[136] :

---

130 Art. 22 du Traité de l'UMOA.

131 Art. 1 de la Loi n° 2008-26 du 28 juillet 2008 portant règlement bancaire, J.O. N° 6437 du Samedi 8 novembre 2008. Elle abroge et remplace la Loi bancaire n°90-06 du 26 juin 1990.

132 Loi n° 2008-26 précité.

133 Art. 5 de la loi bancaire de 1990 précitée.

134 Art. 6 de la loi bancaire de 2008.

135 Art. 34 de la loi uniforme portant réglementation bancaire dans l'UMOA.

136 Art. 8 de la loi bancaire de 2008.

- D'abord, dans le domaine mobilier, le crédit-bail est une opération de location de biens d'équipement, de matériel ou d'outillage qui, quelle que soit sa qualification, donne au locataire la possibilité d'acquérir, à une date convenue avec le propriétaire, tout ou partie des biens loués, moyennant un prix arrêté d'accord parties et prenant en compte les paiements effectués à titre de loyer.

- Ensuite, dans le domaine immobilier, le crédit-bail est l'opération par laquelle une entreprise finance, pour son compte, l'achat et/ou la construction de biens immobiliers à usage professionnel afin de les donner en location à des personnes à la demande desquelles elle a agi et qui pourront en devenir propriétaire de tout ou partie, au plus tard à l'expiration du bail.

A travers ces deux définitions légales du crédit-bail, il apparaît que les opérations de crédit-bail visées sont respectivement le crédit-bail mobilier et le crédit-bail immobilier. Le législateur n'opérait donc pas de distinction entre le leasing financier et le leasing opérationnel[137]. Le législateur sénégalais n'a malheureusement pas suivi la clarté définitionnelle optée par l'UMOA. Aux termes des dispositions de l'article 2 de la loi n° 2012-02 du 03 janvier 2012 sur le crédit-bail au Sénégal[138], le crédit-bail ou leasing désigne toute opération de location de biens meubles ou immeubles, corporels ou incorporels à usage

---

[137] Pour distinguer le leasing financier du leasing opérationnel, il faut rechercher sur quelle partie pèsent les risques économiques (qui correspondent à la propriété économique, distincte de la propriété légale). Si les risques économiques pèsent sur le locataire, celui-ci devient titulaire de la propriété économique ; il s'agit alors d'un leasing financier. S'ils pèsent sur le crédit-bailleur, celui-ci conserve la propriété économique et la propriété légale ; on parle alors de « leasing opérationnel ». Aux termes de l'art. 2 de l'ordonnance algérienne n°96-09 du 10 janvier 1996 relative au Crédit-bail, « Les opérations de crédit-bail sont dites « Leasing financier » si le contrat de crédit-bail prévoit le transfert au locataire de tous les droits, obligations, avantages, inconvénients et risques liés à la propriété du bien financé par le crédit-bail, si le contrat de crédit-bail ne peut être résilié et s'il garantit au bailleur le droit de recouvrer ses dépenses en capital et se faire rémunérer les capitaux investis.
Les opérations de crédit-bail sont dites « Leasing opérationnel » si la totalité ou la quasi-totalité des droits, obligations, avantages, inconvénients et risques inhérents au droit de propriété du bien financé n'est pas transférée au locataire et reste au profit ou à la charge du bailleur. »

[138] J.O. N° 6663 du samedi 12 mai 2012. Cette loi a pour ambition de compléter, dans le respect de la loi bancaire et des autres normes supérieures, le régime juridique du crédit-bail au Sénégal ; cf. exposé des motifs de la loi.

professionnel, spécialement acquis en vertu de cette location par des entreprises qui en demeurent propriétaires, lorsque cette opération, quelle que soit sa dénomination, prévoit à terme la faculté pour le locataire d'acquérir tout ou partie des biens loués, moyennant un prix convenu tenant compte, au moins pour partie, des versements effectués à titre de loyers.

La loi bancaire n'a défini que le contrat de crédit-bail proprement dit c'est-à-dire les relations juridiques entre le crédit-bailleur et le crédit-preneur, ainsi que les droits et obligations qui pèsent sur chacun des acteurs. En revanche, elle ne s'intéresse pas directement à l'opération de crédit-bail, c'est-à-dire au groupe de contrats sur lequel repose forcément cette technique de financement. Le crédit-bail a pu être défini comme « un ensemble de contrats à dépendance unilatérale et à structure complexe »[139]. Dans ce type de groupe de contrats, il existe un contrat principal et des contrats accessoires qui y sont greffés. Le contrat principal est constitué du contrat de crédit-bail lui-même autour duquel s'agglomèrent des contrats parfois indispensables, parfois simplement utiles, à l'opération. L'opération de crédit-bail englobe l'ensemble des liens juridiques et contractuels entre les principaux acteurs du crédit, à savoir le fournisseur du bien à louer, la société qui concède le crédit, dénommée le crédit-bailleur et le bénéficiaire du crédit qu'est le crédit-preneur.

Mais, en définissant le crédit-bail mobilier, le législateur ne précise pas l'origine de propriété du bien crédit-baillé ; l'essentiel est que ce bien soit la propriété du crédit-bailleur et puisse être donné en crédit-bail. Il opte ainsi pour une définition singulière du crédit-bail mobilier[140].

Cette définition du crédit-bail n'est pas une nouveauté, encore moins une exclusivité. En droit tunisien, le leasing est défini comme « une opération de location d'équipements, de matériel ou de biens immobiliers achetés ou réalisés en vue de la location, par le bailleur qui

---

[139] TEYSSIE, *Les groupes de contrats*, LGDJ, 1975, Bibliothèque de droit privé, t. 139, n° 62.

[140] La conception du droit communautaire est partagée par certaines législations. Voir notamment l'art. 7 de l'ordonnance algérienne précitée, l'art. 4 de la loi marocaine n° 34-03 relative aux établissements de crédit et organismes assimilés, Dahir n° 1-05-178 du 15 moharrem 1427 portant promulgation de la loi n° 34-03 relative aux établissements de crédit et organismes assimilés (B.O. n ° 5400 du 2 mars 2006).

en demeure propriétaire et destinés à être utilisés dans les activités professionnelles, commerciales, industrielles, agricoles, de pêche ou de services »[141]. Le législateur tunisien permet ainsi de donner en crédit-bail mobilier des biens « achetés ou réalisés » par le crédit-bailleur.

Par contre, en droit français, le bien à donner en crédit-bail mobilier doit impérativement avoir été acheté par le crédit-bailleur en vue du contrat de crédit-bail[142]. Une disposition analogue se retrouve aussi dans la convention d'Ottawa sur le crédit-bail mobilier international[143] mais aussi en droit belge[144].

L'imprécision dans la définition du crédit-bail mobilier quant à l'origine de propriété du bien peut cependant être une aubaine pour le crédit-bailleur qui pourra redonner en crédit-bail des biens récupérés d'opérations antérieures. La même solution se retrouve, avec plus de précision, dans la loi sénégalaise sur le crédit-bail[145]. Le bien objet du contrat de crédit-bail peut être acheté par le crédit-bailleur ou possédé par lui dans le cadre d'une précédente opération de crédit-bail.

71.- Puisqu'il fait l'objet d'une réglementation, le contrat de crédit-bail est, au Sénégal, depuis 1971, un contrat nommé. Toutefois, la loi communautaire se contente pour l'essentiel d'en donner une définition et de déterminer le statut des personnes pouvant exercer l'activité à titre de profession.

En l'absence de réglementation relative aux particularités du crédit-bail ainsi qu'aux autres aspects de l'opération tels que les droits, obligations et responsabilités des parties, la réglementation du crédit-bail au Sénégal résulte d'une combinaison de dispositions communautaires et internes.

---

[141] Art. 1er loi n° 94-89 du 26 juillet 1994 relative au Leasing (crédit-bail).

[142] Art. 1er de loi n° 66-455 précitée.

[143] Art. 1er – a) de la convention d'UNIDROIT sur le crédit-bail international conclue à Ottawa le 28 mai 1988. Aux termes de l'article 3 de la convention, elle s'applique lorsque le crédit-bailleur et le crédit-preneur ont leur établissement dans des Etats différents et que:

a) ces Etats ainsi que l'Etat où le fournisseur a son établissement sont des Etats contractants; ou

b) que le contrat de fourniture et le contrat de crédit-bail sont régis par la loi d'un Etat contractant.

[144] Art. 1 de l'Arrêté royal n° 55 du 10/11/1967, organisant le statut juridique des entreprises pratiquant la location-financement.

[145] Art. 8 de la loi n° 2012-02 du 03 janvier 2012 sur le crédit-bail au Sénégal, précité.

72.- Opération de crédit[146], le crédit-bail fait l'objet d'un monopole des établissements de crédit. Ces derniers sont les seuls habilités à pratiquer, à titre de profession, l'activité de crédit-bail[147].

Paragraphe 2 : Particularités du crédit-bail

73- Si, juridiquement, le contrat de crédit-bail se présente comme un louage obligatoirement assorti d'une option d'achat, il réalise, sur un plan économique, une opération de crédit garantie par le droit de propriété.

Dans le contrat de crédit-bail, le louage permet au crédit-preneur de jouir immédiatement du bien en contrepartie de loyers. Par ailleurs, le crédit-bail est une opération de crédit dans laquelle les loyers couvrent le paiement du prix et la rémunération de l'avance « de fonds » consentie par le crédit-bailleur. Pour ce dernier, le recours au louage est uniquement un moyen de conserver la propriété et de revendiquer le bien loué en cas de non-paiement des loyers. Pour ce qui est du crédit-preneur, le crédit-bail fait plus que l'associer à la jouissance attachée à la propriété ; il lui permet d'accéder à celle-ci.

74.- L'apport fondamental du crédit-bail consiste en la distinction de la propriété du bien, qui est conservée par le crédit-bailleur, et l'usage qui est fait de ce bien par le crédit-preneur. Le droit de propriété est dissocié du droit d'usage économique. La propriété juridique est dissociée de la « propriété économique »[148].

---

[146] La loi bancaire de 2008 en son article 6 assimile le crédit-bail à une opération de crédit.

[147] Art. 2 de la loi bancaire de 2008 ; art. 3 al. 3 de la loi n° 2012-02 précitée. En droit français, depuis l'entrée en vigueur de la loi du 2 juillet 1966, seules les entreprises commerciales agréées en qualité d'établissement de crédit peuvent faire à titre habituel des opérations de crédit-bail (art. 2, al. 1er et 2, devenu C. mon. et fin., art. L. 515-2). Par la suite, la loi du 24 janvier 1984 relative à l'activité et au contrôle des établissements de crédit a expressément assimilé le crédit-bail et la location avec option d'achat à des opérations de crédit relevant du monopole des établissements de crédit (L. 24 janv. 1984, art. 3, devenu C. mon. et fin., art. L. 313-1, al. 2).

[148] Il s'agit d'une application du système dit « corpore alieno », le corpus du bien étant entre les mains d'une personne, le crédit-preneur, alors que l'animus est entre les mains d'une autre, le crédit-bailleur. Mais, il faut relever que cette appréciation de la situation du droit réel est à relativiser en ce sens que le crédit-preneur, pendant l'exécution du contrat de crédit-bail, se comporte, dans une moindre mesure, comme le véritable propriétaire ou, à tout le moins, comme le propriétaire

Le bien appartenant au crédit-bailleur est ainsi loué au crédit-preneur. Cependant, comme le précise la loi, cette location doit être assortie d'une option d'achat. Le crédit-preneur doit pouvoir devenir propriétaire de « tout ou partie des biens loués, moyennant un prix arrêté d'accord parties et prenant en compte les paiements effectués à titre de loyers »[149] et cela, au plus tard à la fin du contrat.

75.- A l'issue du contrat de crédit-bail, le crédit-preneur a ainsi le choix entre trois options :

- Soit il rachète le bien pour un prix résiduel prévu au départ dans le contrat ;

- Soit il le loue pour une nouvelle période, mais en versant un loyer moins élevé puisqu'il ne comprend plus le prix fractionné de la vente ;

- Soit il rend le bien au crédit-bailleur.

La faculté offerte au crédit-preneur d'acquérir le bien loué implique, à la charge du crédit-bailleur, une promesse unilatérale de vente au profit de ce dernier et constitue une des particularités du crédit-bail qui le distingue de certaines notions voisines[150].

76.- Le crédit-bail ou leasing a souvent été considéré à tort comme une vente locative par beaucoup de locataires de biens mobiliers. En réalité, il s'agit d'un contrat différent de la location-vente[151] dans la mesure où la location-vente crée une obligation d'achat pour le bénéficiaire au terme du contrat. Si le locataire n'achète pas le bien, il doit être en mesure de le restituer au bailleur. Par contre, dans le crédit-bail, le locataire a le choix entre la conservation du bien à titre de propriété, la conclusion d'un nouveau contrat de crédit-bail sur le même bien et la restitution du bien.

---

futur du bien crédit-baillé qu'il deviendra par la levée de l'option. Il peut donc être analysé comme un possesseur, qualité à confirmer par la levée de l'option. Le cas contraire, il aura été un simple détenteur précaire pendant toute la durée du crédit-bail.

149 Art. 8 de la loi bancaire de 2008.

150 Art. 4 de la loi n° 2012-02 précitée.

151 Aux termes de l'article 361 du COCC, la location-vente « est un bail assorti d'une promesse synallagmatique de vente. La vente est conclue lorsque le preneur a versé le dernier terme ».

Le crédit-bail se distingue également du louage[152] en ce que ce dernier ne comporte ni promesse de vente, ni option au profit du locataire.

Il se distingue également de la vente à tempérament[153] dans laquelle le transfert de propriété a lieu dès la formation du contrat, seul le paiement étant effectué en plusieurs fractions à intervalles réguliers.

Il se distingue enfin de la vente avec clause de réserve de propriété[154] dans laquelle le transfert de propriété est différé jusqu'au paiement intégral du prix. En effet, dans le crédit-bail, le transfert de propriété du bien n'intervient qu'après la levée de l'option par le crédit-preneur.

Sur le plan économique, le contrat de crédit-bail a souvent été comparé au contrat de « *renting* », contrat par lequel un bénéficiaire de crédit, dit « *crédit-renting* » prend en location un bien pour rendre son travail plus facile. Le *renting* se définit, en effet, comme une location de matériel mobilier, avec obligation d'entretien à la charge du bailleur[155].

Dans le *renting*, la prise en location n'aboutit pas à l'acquisition de la propriété du bien par le *crédit-renting*, le bien devant être réintégré dans le patrimoine de son bailleur en fin de contrat. Le bien n'est loué qu'à titre temporaire. En revanche, dans le contrat de crédit-bail, le crédit-preneur bénéficie de la possibilité de disposer en permanence du bien et pourra même en devenir propriétaire par la levée de l'option.

77.- Loin de devoir être réduit à une simple mise à disposition d'un bien moyennant paiement de loyers successifs, le crédit-bail est, en réalité, un « procédé de financement des investissements productifs moulé dans une opération juridique complexe »[156] qui est, par « la

---

[152] Art. 544 COCC « Le louage est le contrat par lequel le bailleur s'oblige à fournir au preneur pendant un certain temps la jouissance d'une chose contre paiement d'un loyer ».

[153] Art. 354 COCC « La vente à tempérament, malgré la délivrance immédiate de la chose, stipule que le prix sera payable en plusieurs fractions à intervalles réguliers ».

[154] Art. 359 COCC « La vente à tempérament peut être faite sous la condition expresse que le transfert de propriété des biens vendus ne se réalisera que lorsque le prix aura été intégralement payé ».

[155] F. TERRE, Ph. SIMLER et Y. LEQUETTE, *Droit civil, Les obligations*, Dalloz, 10e éd., p. 638, n° 626.

[156] C. CHAMPAUD, « La loi du 2 juillet 1966 sur le crédit-bail », JCP G 1966.I.2021

symbiose »[157] d'un contrat de louage de chose et d'une promesse unilatérale de vente, une technique particulière[158].

Paragraphe 3 : Avantages du crédit-bail

78.- Dans un contexte sénégalais marqué par un accès au crédit bancaire qui demeure extrêmement problématique, surtout pour les PME, du fait d'un système inadapté – des prêts octroyés à des conditions qui ne sont pas financièrement supportables - le crédit-bail peut être la lueur d'espoir pour satisfaire le souci majeur des chefs d'entreprise : le financement. En effet, recevoir un bien mobilier ou immobilier et le payer avec le produit de ses activités sur le bien est une opportunité offrant des possibilités d'essor économique considérable ; or, c'est ce qu'offre le crédit-bail.

La volonté de faire du crédit-bail un tremplin pour l'essor économique se justifie par les avantages économiques de l'opération qui existent aussi bien pour le crédit-preneur que pour le crédit-bailleur.

79.- Avantages pour le preneur. Les entreprises, très jeunes, de petite ou moyenne taille, manquant d'autofinancement ou de garanties suffisantes pour avoir accès aux financements bancaires traditionnels, trouvent une solution grâce au crédit-bail.

Le crédit-bail permet aux chefs d'entreprise d'adapter plus rapidement leurs possibilités à celles du marché. Ils peuvent, sans délai et sans capitaux abondants, mieux s'équiper en acquérant en temps utile l'équipement technique le plus moderne et le plus performant[159]. Par exemple :

- la vendeuse de jus de « bissap » qui, avec un réfrigérateur petit modèle, vendait dix sachets par jour pourra, en période de canicule et grâce au crédit-bail portant sur un congélateur, performer son activité par une augmentation de sa capacité de production.

---

[157] E.-M. BEY, *De la symbiotique dans les leasing et crédit-bail mobilier*, Paris, Dalloz, 1970, p. 13, « Est symbiose, toute association de deux ou plusieurs organismes vivants en symbiotes, agissant en parfaite complémentarité biologique. »

[158] E.-M. BEY, « La location financière dans la réforme bancaire », Semaine juridique Entreprise 1985, première partie, p. 14630.

[159] S. PRADO, *Le Risque de Valeur Résiduelle, Trois études quantitatives*, Thèse Université Paris ouest – Nanterre la défense, 2010, Introduction générale, p. xiii.

- le cultivateur qui ne comptait que sur des moyens rudimentaires pour assurer une récolte de survie peut désormais s'orienter vers une culture industrialisée, plus productive, en s'équipant de tracteurs, de machines, nécessaires au développement de son activité.

- devant l'équation que constitue l'autosuffisance en électricité, la technique du crédit-bail peut en améliorer la production par l'acquisition de systèmes d'énergie solaire ou de systèmes photovoltaïques privés, de matériel économiseur d'énergie ou de protection de l'environnement.

Par ailleurs, devant l'impératif de développement, l'entreprise fait face à un dilemme : où s'installer ? Quel genre de locaux choisir ? Faut-il construire ou faire construire ou encore louer ? Trouver un bon local devient ainsi une équation impérieuse pour l'entrepreneur.

Les besoins varient d'un entrepreneur à un autre, d'une branche d'activité à une autre. La clientèle étant le centre de gravité des préoccupations des entreprises, le choix des locaux tient impérativement compte de l'accessibilité de voies de communication adaptées au type de produit.

L'entreprise, dans le choix de locaux, se doit d'avoir ainsi une vision sur un horizon suffisamment long. La question de la localisation géographique de l'entreprise doit donc être appréciée dans son ensemble pour chacune de ses fonctions (production, recherche, stockage, administration etc.). Il est clair qu'au-delà des besoins fonctionnels et géographiques, les locaux de l'entreprise constituent un moyen de communication, la première image projetée par elle vers ses interlocuteurs internes et externes avec toute l'importance que celle-ci peut revêtir dans le cadre de certaines activités. L'entrepreneur a donc besoin de locaux « flexibles », adaptés, d'un coût pondéré mais aussi sécurisés, en somme, de locaux « taillés sur mesure ».

Cependant, il n'est pas évident qu'il trouve sur le marché un immeuble correspondant exactement à ses besoins ou, disposant d'un terrain, ait les moyens pour sa mise en valeur. Il en est ainsi du commerçant qui veut édifier un entrepôt sans dépenser ses quelques ressources financières disponibles :

- S'il dispose déjà d'un terrain, il peut demander au crédit-bailleur d'y édifier les constructions dont il a besoin et de les lui louer dans le cadre du leasing.

- S'il ne dispose pas d'un terrain, il pourra demander à la société de crédit-bail de financer pour son compte, l'achat et/ou la construction du bien immobilier et de le lui donner en location avec option d'achat.

Le crédit-bail permet ainsi à l'entreprise d'obtenir un crédit de longue durée garanti par un droit de propriété. Le crédit-preneur bénéficie de loyers fixes et non indexés sur le taux du marché monétaire. Il échappe ainsi aux fluctuations monétaires.

Le crédit-bail donne donc la possibilité d'obtenir, pour d'importants marchés, le bien approprié.

L'investissement par crédit-bail s'autofinance de manière dynamique. En effet, le remboursement des capitaux avancés par le crédit-bailleur, c'est-à-dire le paiement des redevances ou loyers, est matériellement assuré par les ressources retirées de l'exploitation des investissements réalisés grâce au crédit-bail. Le bien crédit-baillé génère les revenus nécessaires à son remboursement à travers la valeur ajoutée qu'il produit.

Tout à fait adapté à la création et au développement d'entreprises, le crédit-bail mobilier facilite le développement d'activités nouvelles et l'implantation d'investissements productifs. Il constitue un facteur de modernisation des équipements, d'accélération du progrès technique et de la productivité.

Le crédit-bail offre la possibilité de calquer la durée du contrat sur la durée de vie économique du bien et, par suite, d'adapter son utilisation à son efficacité. De ce fait, le crédit-preneur a constamment à sa disposition le meilleur outil technologique pour assurer sa compétitivité dans quelque secteur que ce soit.

80.- *Le cas du lease-back.* C'est une variante du crédit-bail, une technique par laquelle le propriétaire d'un bien, meuble ou immeuble, transfère à un établissement de crédit la propriété qu'il rachète progressivement par le biais d'une location assortie d'une promesse de vente. L'entreprise cède à la société de crédit-bail un bien mobilier ou immobilier dont elle est propriétaire pour conclure aussitôt avec elle un contrat de crédit-bail sur ce bien. En l'absence de promesse unilatérale de vente, l'opération devient une ***vente suivie d'une simple location du bien***. Cette opération aussi peut être une efficace technique de financement.

A la différence du crédit-bail classique qui est le plus souvent une opération triangulaire, le *lease-back* a un caractère bilatéral : c'est l'utilisateur (le crédit-preneur) qui est au début de l'opération propriétaire du bien (mobilier ou immobilier) ; il vend ce bien à la société de crédit-bail qui le lui donne en location avec option d'achat.

Le *lease-back* constitue un moyen pour le vendeur de se procurer des fonds, sans perdre l'utilité du bien[160]. Le crédit-preneur qui a besoin de liquidité et qui dispose d'un immeuble peut le vendre à l'entreprise de crédit-bail pour, ensuite, le reprendre dans le cadre d'un contrat de crédit-bail. Par la vente, il aura l'avantage de renforcer ses finances et, par le contrat de crédit-bail, être rassuré que l'immeuble pourra rester dans son patrimoine.

Nous sommes devant un montage juridique qui permet à la société de réaliser une plus-value et des liquidités qui pourront éventuellement permettre à l'entreprise de rembourser ses emprunts ou faire des investissements. En effet, il traduit la volonté du crédit-preneur de modifier la structure de l'actif de son bilan. L'abandon de la propriété de certaines immobilisations va provoquer un gonflement de trésorerie et un effritement de l'actif. Le crédit-preneur s'efforce ainsi de « liquidifier » ses immobilisations.

Etude de cas

Le propriétaire d'un terrain qui a besoin de fonds pour édifier un entrepôt mais aussi financer son activité, peut le vendre à l'entreprise de crédit-bail qui procède aux constructions et lui donne le bâtiment en location avec option d'achat :

- Par la vente, il aura des ressources financières ;
- Par la location, il a la jouissance de l'entrepôt sur le site voulu et paiera les loyers grâce aux revenus générés par l'activité ;
- La promesse unilatérale de vente lui donne la possibilité de devenir propriétaire de l'ensemble en payant le prix résiduel.

---

[160] Le crédit-bailleur doit néanmoins refuser, sous peine d'engager sa responsabilité, de soutenir une entreprise par le biais de la cession-bail lorsqu'il connait sa mauvaise situation financière, voire sa cessation des paiements. En effet, aux termes de l'article 118 alinéa 1 de l'AUPCAP, « les tiers, créanciers ou non, qui, par leurs agissements, ont contribué à retarder la cessation de paiement où à diminuer l'actif où à aggraver le passif du débiteur peuvent être condamnés à réparer le préjudice subi par la masse sur action du syndic agissant dans l'intérêt collectif des créanciers. »

Le propriétaire d'un véhicule utilitaire peut le vendre à une entreprise de crédit-bail qui le lui redonne en leasing. Il aura alors l'utilité du bien mais aussi des fonds pour son entreprise, avec la possibilité de redevenir propriétaire du véhicule.

Avantageux pour le crédit-preneur, le crédit-bail l'est aussi pour le crédit-bailleur.

90.- Avantages pour le crédit-bailleur. Le crédit-bail est un mode de financement à moyen ou long terme accessible aux micro-entreprises pour l'acquisition d'immobilisation. En effet, il offre aux établissements de crédit la possibilité de « toucher » de nouveaux « emprunteurs » et d'étendre leur marché. C'est donc un moyen de croissance du secteur bancaire.

En outre, en tant que propriétaire du bien, la société de leasing est mieux armée en cas d'interruption des versements ou de difficultés d'exécution de la part du crédit-preneur. La réserve de propriété dont peut se prévaloir le crédit-bailleur est opposable aux tiers. Elle permet au crédit-bailleur d'obtenir la restitution de son bien pour le vendre ou le louer une seconde fois.

Le crédit-bail permet de faire du profit en transformant une épargne oisive (l'argent des banques) en un investissement tangible. Ainsi, il réalise une nouvelle forme de liaison entre l'épargne et la production.

Technique avantageuse pour les parties prenantes car pouvant servir de levier au financement, le crédit-bail trouve un terreau fertile dans la sociologie sénégalaise. Une telle technique, aussi noble soit-elle, ne peut se développer que si elle est épousée par ses destinataires. Il semble en être ainsi, vu la conformité de la pratique du crédit-bail avec les réalités sénégalaises.

Paragraphe 5 : Le crédit-bail, une technique de financement compatible

91.- Le Sénégal est un pays avec une population en majorité de confession musulmane[161]. Il est ainsi un berceau favorable pour le développement du crédit-bail. En effet, le crédit-bail est une technique qui répond aux préceptes de l'Islam ; c'est un contrat « religieusement compatible »[162]. Le consensus des juristes musulmans, les « fouqahas », ainsi que celui des spécialistes en économie islamique est que l'intérêt est assimilé au « rhiba »[163] proscrit par la « shariah »[164]. La prohibition du « rhiba » signifie essentiellement que la fixation à l'avance d'un revenu positif sur une avance de fonds en récompense de l'attente n'est pas permise dans la « shariah »[165]. En conformité avec ce

---

[161] Déjà, en 1989, le Sénégal comptait une population composée de 95% de musulmans, 4% de catholiques et 1% d'animistes. Voir, Résultats des derniers recensements, Présidence de la République, Secrétariat général, Direction de la Prévision et de la Statistique, décembre 1989, p. 11. Voir aussi, I. Y. NDIAYE, Le mariage à l'épreuve du droit traditionnel, Revue sénégalaise de droit, n° 36, semestrielle janvier-juin 2011, p. 22.

[162] I. RIASSETTO, Le « faith-based », un concept en droit bancaire et de marchés financiers, in Les concepts émergents en droit des affaires, sous la direction de E. LE DOLLEY, LGDJ 2010, p. 163.

[163] Le Coran n'a pas donné de définition au « riba » mais, littéralement, « riba » signifie augmentation, croissance, surplus. En outre, il est à noter que l'islam n'est pas la première religion révélée à avoir interdit le « riba », d'autres religions et d'autres civilisations l'ont fait avant lui. Voir en ce sens, M. D. Bakar, Riba and Islamic Banking and Finance.

[164] La « shariah » peut être définie comme étant l'ensemble de ce qui a été révélé et descendu sur le Prophète Mouhamed (psl) comme commandements, ou lois prescrites par le Coran et la « Sunnah », concernant les dogmes, les activités et les actions des personnes légalement responsables, que ce soit de façon péremptoire ou conjecturale.
La première interdiction explicite du « riba » est intervenue avec les versets dans sourate Ali-Imran, où Allah (SWT) dit:
« 130. ô les croyants ! Ne pratiquez pas l'usure en multipliant démesurément votre capital. Et craignez Allah afin que vous réussissiez ! ».
Ce verset est souvent utilisé comme argument pour prétendre que seul les taux « excessifs » sont concernés par l'interdiction. Cependant, les versets de la Sourate Al-Baqarah, révélés plus tard, déclarent illicite tout surplus sur le principal et condamnent de manière très sévère le « riba » et ceux qui le pratiquent.

[165] A noter que l'Islam n'est pas isolé dans la condamnation de l'intérêt. Au nom de la loi naturelle, Saint Thomas condamne le négoce où la monnaie n'est plus un instrument de crédit, mais le commencement et la fin de l'échange. « Recevoir un intérêt pour l'usage de l'argent prêté, est, de soi, injuste, car c'est faire payer ce qui

consensus, l'Académie de Fiqh islamique a confirmé le consensus historique sur la prohibition de l'intérêt[166]. Par ailleurs, l'Académie ne fait pas de différence selon que l'avance de fonds est destinée à des fins de consommation ou d'investissement ou s'il est octroyé par une banque commerciale, un gouvernement, une entreprise ou un individu.

L'Académie a, en outre, invité les gouvernements des pays musulmans à encourager la création d'institutions financières qui opèrent en conformité avec les principes de la shariah afin qu'elles répondent aux besoins des citoyens musulmans et leur permettent ainsi de vivre conformément aux exigences de leur foi.

Pratiqué par les banques islamiques[167], le crédit-bail offre ainsi la possibilité à l'Etat du Sénégal, membre de l'OCI, de satisfaire aux recommandations de l'Académie. Le crédit-bail est considéré comme conforme aux préceptes du droit musulman. En effet, il ne peut pas être

---

n'existe pas, ce qui constitue évidemment une inégalité contraire à la justice ». Pour s'en convaincre, il faut se rappeler que l'usage de certains objets se confond avec leur consommation ; ainsi nous consommons le vin dont nous nous servons comme boisson, et le blé dont nous nous servons pour notre nourriture. « Dans les échanges de cette nature, on ne devra pas compter l'usage de cet objet à part de sa réalité même, mais du fait même que l'on en concède l'usage à autrui, on lui cède l'objet même. Voilà pourquoi, pour des prêts de ce genre, le prêt transfère la propriété.

Si donc quelqu'un voulait vendre d'une part du vin, et d'autre part son usage, il vendrait deux fois la même chose ou, mieux, vendrait ce qui n'existe pas. Il commettrait donc une injustice. Pour la même raison, celui-là pécherait contre la justice qui, prêtant du vin ou du blé, exigerait deux compensations, l'une à titre de restitution équivalente à la chose elle-même, l'autre pour prix de son usage (usus) d'où le nom d'usure (usura). « Quant à l'argent monnayé, Aristote remarque qu'il a été principalement inventé pour faciliter les échanges ; donc, son usage propre et principal est d'être consommé, c'est-à-dire dépensé, puisque tel est son emploi dans les achats et les ventes. En conséquence, il est injuste en soi de se faire payer pour l'usage de l'argent prêté ; c'est en quoi consiste l'usure. » Voir, Ch. CARDAHI, « Le prêt à intérêt et l'usure au regard des législations antiques, de la morale catholique, du droit moderne et de la loi islamique », in Revue internationale de droit comparé. Vol. 7 N°3, Juillet-septembre 1955. p. 506.

[166] Académie de Fiqh islamique (2000), Résolution n° 10/2

[167] La Banque Islamique de Développement (BID) a financé la première opération de crédit-bail en Turquie. Et, depuis 1981, ce mode de financement est devenu d'un usage courant au sein de la BID. Voir, A. KHOUILDI, Le leasing (Ijara wa Iqtina), Introduction aux techniques islamiques de financement, Recueil des communications dans le cadre du séminaire conjointement organisé par l'Institut islamique de recherches et de formation et de la banque Al-Baraka mauritanienne islamique, Nouakchott, 5-9 décembre 1992.

comparé au prêt d'argent dans la mesure où le crédit-bailleur transmet un bien et non une somme d'argent. Lorsqu'on loue de l'argent, le « loyer » est considéré comme un intérêt prohibé, alors que la location d'un bien en nature, permet légitimement la perception d'un loyer qui correspond à la jouissance du bien par le crédit-preneur.

Le crédit-bail peut ainsi être considéré comme un « faith-based »[168], c'est-à-dire un instrument financier et un contrat soumis à la loi étatique tout en étant conforme à la loi religieuse. Il doit alors pouvoir « bourgeonner » sur le sol sénégalais.

Accepté par la religion dominante au Sénégal, le crédit-bail se retrouve déjà, avec quelques nuances certes, dans les pratiques sénégalaises.

Devant l'inaccessibilité du crédit, les populations sénégalaises, les femmes en majorité, ont recours à la pratique des tontines[169].

92.- Mais, bien qu'il soit adapté à la sociologie sénégalaise et avantageux pour les entreprises sénégalaises, le crédit-bail est peu utilisé. En effet, la pratique révèle une faible utilisation du crédit-bail au Sénégal.

L'analyse de l'évolution de l'activité de crédit-bail au cours des dernières années montre que ce produit est très marginalisé, même si son existence au Sénégal date des années 1970[170]. Le total des encours de crédit-bail à la fin de l'année 2006 s'élevait à 7 223 millions FCFA contre 8 061 millions FCFA à la fin de 2005, soit une baisse de 10,4%. Les encours de crédit-bail représentent moins de 0,6% du total des concours financiers nets accordés par l'ensemble du secteur en 2006, contre 0,7% un an auparavant. Aussi, représentaient-ils 1,4% de l'ensemble des crédits à moyen et long termes accordés par le secteur financier en 2006, contre 1,9% un an plus tôt.

---

[168] I. RIASSETTO, Le « faith-based », un concept en droit bancaire et de marchés financiers, précité, p. 163.

Le concept de « faith-based » désigne des instruments financiers et des contrats soumis à une loi étatique tout en étant conformes à une loi religieuse.

[169] A. KANE, *Tontines, caisses de solidarité et banques ambulants. Univers des pratiques financières informelles en Afrique et en milieu immigré africain en France*, L'Harmattan 2010, p. 9.

[170] Après le décret, c'est en 1977 que la première société de crédit-bail a été constituée. V., FINEOR, Rapport de l'Etude sur le secteur du crédit-bail au Sénégal, IFC « Etude sur le secteur du leasing au Sénégal » Mai 2008, p.3.

Les encours de crédit-bail accordés par les établissements spécialisés, en l'occurrence Locafrique et Alios Finance Sénégal, représentaient 15,2% du total des encours de crédit-bail accordés au Sénégal à fin 2006, contre 13,2% uniquement à la clôture de 2005[171].

En 2009, le marché du crédit-bail au Sénégal était évalué à cinq milliards de FCFA et le crédit-bail et les opérations assimilées représentaient moins de 1% des actifs des établissements de crédit. En termes de financement des investissements privés, l'activité n'a participé qu'à hauteur de 0,2% alors que dans des pays comme la Tunisie et les Iles Maurice, cette participation s'établit respectivement à 11% et 25%, soit 400 milliards de FCFA et 250 milliards de FCFA[172].

C'est alors un truisme de dire que la situation du crédit-bail au Sénégal relève du paradoxe : c'est un mécanisme de financement avantageux mais sous exploité.

93.- Le crédit-bail étant régi par le droit bancaire, son développement est fortement tributaire de l'environnement bancaire. En effet, le développement du crédit-bail nécessite une prise en compte du « climat de l'investissement »[173] et des « tendances politiques, économiques, législatives et sociales prévisibles qui, ensemble ou séparément, favorisent ou contrecarrent les aspirations à des bénéfices à long terme satisfaisants et un recouvrement équitable des capitaux à risques initiaux et réinvestis »[174].

La promotion du crédit-bail est subordonnée à l'instauration d'un climat d'investissement sain[175], le crédit-bailleur voulant se prémunir contre deux risques : le risque de valeur résiduelle qui est relatif au matériel, et le risque de crédit qui est lié à l'utilisateur.

Le risque de valeur résiduelle s'appréhende à partir des fluctuations de la valeur résiduelle du bien sur le marché résultant de l'usure physique, d'une obsolescence imprévue ou de variations non anticipées des taux d'intérêt et du niveau général des prix.

---

171 V., Société Financière Internationale (IFC), Rapport précité, p. 71.

172 Voir exposé des motifs de la loi n° 2012-02 sur le crédit-bail, précité.

173 B. NIANE, *Le régime juridique et fiscal du code des investissements au Sénégal*, NEA, 1976, p. 25.

174 Climat de l'investissement en Afrique. Documentation Commission Economique pour l'Afrique, E/CN/14/INR, Nations Unies, 1970.

175 P. T. FALL, « Normes communautaires et sécurité juridique », Nouvelles Annales Africaines, n° 1-2007, p. 200. Un environnement juridique sécurisé est nécessaire pour un développement économique et social.

Quant au risque de crédit, il peut être défini comme le risque lié à l'insolvabilité ou à la mauvaise foi du crédit-preneur ou encore, au besoin pressant de liquidités du crédit-bailleur avant les termes convenus.

Etant entendu que le sentiment d'insécurité est un obstacle à l'investissement, le crédit-bail a besoin, pour son développement, de la sécurisation de l'engagement du crédit-bailleur; ce qui implique la suppression ou, à défaut, la réduction considérable des risques qu'il prend. Même si le risque zéro semble relever de l'utopie, il faut tout au moins le minimiser.

Même si elle constitue l'un des piliers les plus importants pour le développement du crédit-bail, la sécurité n'est qu'un des éléments du problème. Il ne suffit pas de garantir à l'investisseur la sécurité, il faut aussi lui garantir la rentabilité de son investissement. Ce sont là deux objectifs à atteindre pour un développement du crédit-bail.

Sur le plan de la rentabilité, la fiscalité a un rôle fondamental à jouer pour rendre le crédit-bail attractif.

Le régime fiscal du crédit-bail a, pour la première fois, fait l'objet d'une tentative de codification par la loi n°73-49 du 4 décembre 1973 qui faisait suite au décret n°71-458 du 22 Avril 1971 fixant les conditions dans lesquelles les sociétés de leasing ou de crédit-bail sont habilitées à exercer leur activité au Sénégal.

A partir de 2004, la volonté législative de faire de la fiscalité un des leviers de notre développement s'est accrue.

Le Code Général des Impôts issu de la loi n°92-40 du 9 juillet 1992[176] a été réformé par la loi n° 2004-12 du 6 février 2004, portant modification du Code Général des Impôts. Ces modifications se justifient par un souci d'amélioration du civisme fiscal, de simplification des procédures, de création d'emplois et, principalement, d'encouragement de l'investissement privé[177]. L'Etat accentue les mesures incitatives pour l'essor de certaines activités comme le crédit-bail. « Les mesures retenues dans ce cadre sont articulées autour de

---

[176] La loi n° 92-40 du 9 juillet 1992 portant Code Général des Impôts a connu plusieurs modifications, notamment par la loi n° 2001-07 du 18 septembre 2001 qui a transposé dans le dispositif interne, les directives en matière d'harmonisation de la fiscalité indirecte dans les Etats membres de l'Union économique et monétaire Ouest-africaine (UEMOA).

[177] Exposé des motifs de la loi de 2004.

l'objectif de mise en œuvre d'un environnement fiscal favorable à l'attention d'investissements, notamment dans des secteurs où le Sénégal présente des avantages comparatifs certains, sans entraîner toutefois une incidence négative sur les recettes »[178]. Pour la loi de 2004, il s'agissait d'un réaménagement du régime fiscal du crédit-bail considéré comme « un important instrument de financement de l'entreprise ». La même volonté apparaît aussi dans le nouveau code des investissements[179].

La législation fiscale du crédit-bail, à l'image du droit fiscal sénégalais, était ainsi caractérisée par l'existence d'une multitude de régimes dérogatoires disséminés à travers des textes épars (Code minier, Code pétrolier, Code des investissements, régimes francs, etc.). Au regard de ces considérations, le Gouvernement a décidé de refondre totalement le dispositif fiscal afin de le rendre plus lisible et mieux articulé aux objectifs poursuivis dans le cadre de la politique économique et sociale du Sénégal. Ainsi, par le nouveau Code général des impôts[180], le Gouvernement met en place un droit fiscal commun et incitatif pour promouvoir la croissance économique et améliorer l'environnement des affaires.

Le droit communautaire et le droit interne sénégalais sont ainsi mis au service du développement économique en général et du crédit-bail en particulier. Néanmoins, à l'aune de la sous-utilisation du crédit-bail au Sénégal, la question de l'efficacité de son régime juridique reste toujours entière.

---

[178] Exposé des motifs de la loi de 2004.

[179] Loi n°2004-06 du 6 février 2004 portant code des investissements.

[180] Loi n° 2012-31 du 31 décembre 2012 – publiée au J.O. n° 6706 du 31-12-2012.

Conclusion. Alternative de développement pour les petites et moyennes entreprises et, en même temps, facteur de croissance et d'expansion des grandes entreprises, le crédit-bail est une source de financement mise à la disposition des entreprises de quelque nature que ce soit pour leur permettre de réaliser leur investissement. Dès lors, il doit être accompagné, aussi bien au niveau de son régime juridique que de son environnement global, pour son développement afin d'en faire un tremplin pour l'essor économique du Sénégal.

Sécurité, rentabilité et accessibilité sont les trois piliers pour un développement du crédit-bail au Sénégal. Il devient ainsi impératif, pour la promotion et l'expansion de l'activité, de sécuriser l'opération de crédit-bail et d'améliorer son système financier.

LE BAIL À CONSTRUCTION

94.- Le bail à construction[181] est une technique de financement qui installe une relation *win win*. Variante du bail emphytéotique, c'est un contrat Construction-Exploitation-Transfert (CET).

Le bail à construction est le contrat par lequel le preneur s'engage, à titre principal, à édifier des constructions sur le terrain loué et à les conserver en bon état d'entretien pendant toute la durée du bail[182]. Il est consenti par celui ou ceux qui ont le droit d'aliéner et dans les mêmes conditions et formes. Deux exigences à titre de validité de l'opération peuvent alors être notées. D'une part, le bailleur doit disposer d'un droit réel immobilier et, d'autre part, le contrat impérativement passé devant notaire et publié au livre foncier.

Paragraphe 1 : Avantages pour le bailleur

95.- Le bail à construction est une belle opportunité pour un propriétaire qui ne souhaite pas ou ne peut pas engager les fonds nécessaires pour la valorisation de son foncier. Il offre la possibilité au bailleur d'avoir des constructions, sans dépenser au préalable. En effet, la première obligation du preneur dans le cadre de ce contrat consiste à construire, sur le terrain du bailleur, un immeuble à ses frais. C'est même un critère de la qualification du contrat. Le bailleur gagne ainsi la possibilité de valoriser son terrain en permettant la construction dessus sans avoir à supporter les coûts de construction lui-même ainsi que les risques associés.

La destination des immeubles édifiés est définit d'accord parties. Le bail à construction peut porter aussi bien sur des immeubles à usage d'habitation que sur des immeubles à usage commercial, industriel, artisanal ou à tout autre usage professionnel.

---

[181] C. A. W. NDIAYE, *Le droit sénégalais des contrats immobiliers*, L'Harmattan Sénégal, 2ème éd. 2020, p. 379.

[182] Art. L.2 du Code de la construction.

96.- Par ailleurs, comme tout locataire, le preneur est tenu du maintien des constructions en bon état d'entretien et des réparations de toute nature.

Sauf stipulation contraire du bail, le preneur peut démolir, en vue de les reconstruire, les bâtiments existants. Il n'est pas obligé de reconstruire les bâtiments s'ils ont péri par cas fortuit ou force majeure ou, s'agissant des bâtiments existant au moment de la passation du bail, par un vice de construction antérieur audit bail. Il répond de l'incendie des bâtiments existants et de ceux qu'il a édifiés.

97.- Par rapport aux constructions, les parties doivent, au moment de la conclusion du contrat, convenir de leurs droits respectifs de propriété sur les constructions existantes et sur les constructions édifiées. Il leur est permis, par exemple, de stipuler :

- qu'une partie des constructions deviendra la propriété du bailleur dès la fin des travaux ;
- que durant l'exécution du contrat, le bailleur occupera une partie des constructions sous certaines conditions ;
- qu'à la fin du contrat, les constructions deviendront la propriété du bailleur par accession et sans indemnité ;
- que le bailleur devra payer tout ou partie de la valeur des constructions à la fin du contrat ;
- qu'une copropriété sera installée entre le bailleur et le preneur à la fin du contrat,
- etc.

À défaut d'une telle convention, le bailleur en devient propriétaire en fin de bail et profite des améliorations[183]. C'est une application de la théorie de l'accession immobilière[184].

98.- Outre l'immeuble construit, le bail à construction est une source de rentrées financières. Avec l'obligation pour le preneur de payer périodiquement les loyers, le bail garantit au bailleur un revenu stable pendant la durée du bail.

---

[183] Art. L156 du Code de la construction.

[184] A noter que les droits inscrits, ne suivent pas les immeubles. Cependant, en cas de résiliation judiciaire ou amiable, les privilèges et hypothèques inscrits, suivant le cas, avant la publication de la demande en justice tendant à obtenir cette résiliation ou avant la publication de l'acte ou de la convention la constatant, ne s'éteignent qu'à la date primitivement convenue pour l'expiration du bail

Le montant des loyers est librement déterminé par les parties. En outre, durant l'exécution du contrat, le preneur est tenu de tous les charges, taxes et impôts relatifs tant aux constructions qu'au terrain.

Le bail à construction est ainsi une réelle stratégie de gestion patrimoniale.

99.- Lc bail à construction pcut portcr sur :

- des immeubles à usage d'habitation ;
- des immeubles à usage professionnel (plateaux de bureaux, centre commercial, entrepôt, ...) ;
- des autoroutes ;
- etc.

Paragraphe 2 : Avantages pour le preneur

100.- Le bail à construction confère au preneur un droit réel immobilier[185]. Titulaire d'un droit de superficie[186], le preneur a un droit de propriété sur les constructions édifiées pendant toute la durée du contrat[187]. Ce qui entraine alors une dissociation entre, d'une part, le droit de superficie et, d'autre part, le droit sur le tréfonds qui reste dans le patrimoine du bailleur. Cependant, comme le souligne un auteur[188], le droit de superficie n'a pas pour objet le volume au-dessus de la surface. En d'autres termes, il n'est pas possible de dissocier la propriété du sol de celle du dessus en l'absence de construction ou de plantation.

Le droit du preneur peut être donné en hypothèque pour mobiliser des fonds, de même que les constructions édifiées sur le terrain loué.

---

[185] Art. L 157 du Code de la construction.

[186] Le droit de superficie est une variété de la propriété immobilière, en ce sens qu'il s'agit d'une propriété de ce qui s'élève sur le sol (construction ou plantations), à l'exclusion de la propriété du sol lui-même ou du sous-sol ; C. LARROUMET, *Droit civil – Les biens – Droits réels principaux*, Tome II, 5e éd., Economica, 2006, p. 435.

[187] « L'emphytéose, le bail à construction, la concession immobilière (...) constituent, à l'heure actuelle, les applications les plus vivantes du droit de superficie » ; C. LARROUMET, *Droit civil – Les biens – Droits réels principaux*, op. cit., p. 444.

[188] C. LARROUMET, *Droit civil – Les biens – Droits réels principaux*, op. cit., p. 435.

Le preneur peut aussi céder tout ou partie de ses droits ou les apporter en société. Les cessionnaires ou la société sont tenus des mêmes obligations que le cédant qui en reste garant jusqu'à l'achèvement de l'ensemble des constructions que le preneur s'est engagé à édifier en application des dispositions du contrat du bail à construction.

En plus de son droit de superficie, le preneur a un droit de jouissance du sol, accessoire de son premier droit. Comme en matière de bail emphytéotique, ce droit de jouissance est aussi qualifié de droit réel par le législateur sénégalais.

Le preneur peut consentir les servitudes passives indispensables à la réalisation des constructions prévues au bail.

101.- Outre le droit réel qu'il confère au preneur, le bail à construction est d'une durée relativement longue pour permettre un amortissement des investissements du preneur. Il épouse en cela les mêmes principes que le bail emphytéotique.

Si, entre particuliers, le silence législatif milite pour une durée pouvant aller jusqu'à 99 ans considérés en droit comme le seuil de « perpétuité », le bail emphytéotique accordé par l'État est pour une durée de 18 ans au moins et 50 ans au plus avec possibilité de prorogation dans la limite de 50 ans, et possibilité de renouvellement.

102.- Par ailleurs, le contrat permet au preneur d'accéder à des terrains bien situés pour la construction de l'immeuble projeté, même s'il ne peut pas les acheter. Le coût de revient des constructions en sort minoré. Ainsi, avec cette réduction de l'investissement initial, les ressources financières qui devraient être affectées à l'achat du terrain pourront contribuer à la construction et au développement du projet.

LE BAIL À RÉHABILITATION

103.- Le bail à réhabilitation traduit une politique du logement. En effet, il a pour but d'étendre ce secteur comme, du reste, le souligne son régime juridique.

Le bail à réhabilitation est le contrat par lequel le preneur s'engage à réaliser, dans un délai déterminé, des travaux d'amélioration sur l'immeuble loué et à le conserver en bon état d'entretien et de réparation de toute nature en vue de sa la location pendant la durée du contrat[189].

104.- Cependant, contrairement au droit français qui assigne au bail à réhabilitation une vocation spécifiquement sociale qui se traduit dans son objet qui ne peut être que la réhabilitation en vue de la location à usage d'habitation[190], le législateur sénégalais vise tous les secteurs. Le bail à réhabilitation porte sur un immeuble à usage d'habitation ou à usage professionnel ou de service.

Paragraphe 1 : Avantages pour le bailleur

105.- A l'image du bail à construction, le bail à réhabilitation permet à un propriétaire de valoriser son patrimoine sans avoir à assumer directement les coûts liés aux travaux. En effet, une des obligations essentielles à la charge du preneur consiste à réaliser les travaux d'amélioration de l'immeuble et le maintenir en bon état pour toute la durée du contrat. Sans avoir à utiliser ses ressources financières, le propriétaire-bailleur voit son bâtiment réhabiliter et conservé en bon état.

Au terme du bail à réhabilitation, le preneur est tenu de restituer l'immeuble bien entretenu au bailleur, libre de location et d'occupation. Les améliorations réalisées bénéficient au bailleur sans indemnisation.

106.- Pouvant porter sur des immeubles de l'Etat mais aussi sur ceux de particuliers, le bail à réhabilitation traduit une ambition législative de sauver les bâtiments menacés de ruine et, par la même, de renforcer

[189] Art. L.2 du Code de la construction.

[190] Art. L 252-1 Code français de la Code de la construction et de l'habitation.

l'offre immobilière. Il peut ainsi avoir un impact considérable sur les prix du loyer par le jeu de la concurrence qu'il favorise. Le preneur à l'obligation, dans la phase d'exécution du contrat, de donner l'immeuble en location. Cependant, cette dernière obligation est une obligation de moyen et pas de résultat.

107.- Le code révisé de la construction n'exige plus que le preneur soit un organisme d'habitations à loyer modéré (HLM), une société d'économie mixte dont l'objet est de construire ou de donner à bail des logements, une collectivité locale, ou un organisme dont l'un des objets est de contribuer au logement des personnes défavorisées et agréé à cette fin par le Ministre chargé de l'Habitat. Cette ouverture rend la pratique du bail à réhabilitation beaucoup plus accessible.

108.- Tout en évitant les opérations de démolition-reconstruction, le bail à réhabilitation favorise la rénovation de bâtiments anciens et la mise aux normes des locaux. Le contrat indique la nature des travaux, leurs caractéristiques techniques et le délai de leur exécution.

Contrat à titre onéreux, le bail à réhabilitation garantit aussi au propriétaire-bailleur un revenu stable pendant la durée du bail. Certes le Code de la construction ne se prononce pas sur l'existence d'une obligation pour le preneur de payer un loyer. En sus, dans certains pays qui pratiquent cette technique contractuelle, le preneur ne verse pas de loyer ou de redevance au propriétaire. Le silence législatif sénégalais ne devrait cependant pas traduire la même solution. Le bail à réhabilitation est d'abord un contrat de bail. Ainsi, en l'absence d'une exclusion expresse, le loyer reste dû.

Paragraphe 2 : Avantages pour le preneur

109.- Le bail à réhabilitation offre la possibilité au preneur de réaliser des logements en des lieux attractifs où le prix du foncier peut atteindre des coûts souvent dissuasifs pour la réalisation d'opérations immobilières.

En outre, le preneur qui jouit d'un droit réel[191] s'engage à réhabiliter les bâtiments en contrepartie des revenus locatifs du bien pour une durée déterminée. La durée du contrat doit lui permettre d'amortir son investissement.

---

[191] Art. L162 du Code de la construction.

Le preneur peut céder son droit nonobstant toute convention contraire.

Paragraphe 3 : Bail à réhabilitation et bail dans le cadre d'une convention d'usufruit

110.- Le bail dans le cadre d'une convention d'usufruit traduit un partenariat fondé sur le démembrement temporaire du droit de propriété. Alors que la nue-propriété du bien reste entre les mains du propriétaire, l'usufruit est acquis par convention pour une durée déterminée par un promoteur immobilier qui réalise des logements qu'il va louer pour une durée n'excédant pas celle de l'usufruit.

L'usufruit locatif peut porter sur des immeubles en cours de construction, sur des immeubles existants ou sur des immeubles à construire.

L'extinction de l'usufruit a pour conséquence immédiate le retour au nu-propriétaire du droit de jouissance du bien et le transfert de la propriété des constructions par l'accession immobilière.

CHAPITRE 2

LE CROWDFUNDING

Le crowdfunding est un système de financement participatif basé sur une désintermédiation des acteurs traditionnels de la finance comme les banques. On peut retrouver des traces de sa pratique « informelle » dans les années 1930 avec la construction de la Grande Mosquée de Touba, ville sainte de la communauté religieuse mouride.

111.- Le *crowdfunding* ou financement participatif est une autre façon pour les entreprises et les particuliers de financer leurs activités par le prêt, l'apport ou le don. Le but étant de récolter des fonds de la part de plusieurs investisseurs, afin de mettre en place un projet. En d'autres termes, il s'agit de mettre en contact des investisseurs et des porteurs de projets. A partir d'une plateforme Internet, des individus ou des entreprises financent leurs projets en sollicitant des « contributeurs ».

Selon l'Association Finpart, c'est un financement par la foule de projets présentés publiquement pouvant collecter de très nombreuses participations de petits montants auprès d'un public très étendu, généralement rendu possible par l'utilisation d'internet[192]. C'est « un mode de financement reposant sur l'appel à plusieurs personnes physiques ou morales agissant à des fins non professionnelles ou commerciales, pour financer un projet via un site Internet ou tout autre moyen de communication électronique ou numérique »[193].

L'idée est que ces investisseurs injectent des fonds dans les projets qu'ils jugent à fort potentiel pour plus tard se faire rembourser par les porteurs avec ou sans intérêt.

C'est donc un système de financement basé sur une désintermédiation des acteurs traditionnels de la finance comme les banques. Il s'agit d'offrir la possibilité à chaque membre de la communauté d'investir une certaine somme d'argent qui, cumulée à celle des autres membres, permet de financer une activité. L'intérêt de l'approche repose donc sur la rencontre entre un projet et la conviction des internautes.

112.- Le *crowdfunding* possède certains avantages par rapport aux solutions de financement classiques. Outre le fait qu'il soit un moyen pour lever des fonds très souvent sans frais initiaux, il permet d'économiser en termes de publicité par le truchement du public qui

---

[192] A. DES ABBAYES (dir), « Le crowdfunding, un nouveau marché ? Décryptage et potentiel de marché », Arnaud Franel Editions Inc, 2015, p. 13. « Le concept de crowdfunding trouve son origine dans le concept plus large de crowdsourcing, qui utilise la foule pour obtenir des idées, un retour et des solutions de manière à développer des activités d'entreprise », S. CIEPLY et A.-L. LE NADANT, « Le crowdfunding : modèle alternatif de financement ou généralisation du modèle de marché pour les start-up les PME ? », Revue d'économie financière 2016/2 (n°122), p. 257.

[193] Art. 5 de la loi uniforme portant réglementation bancaire dans l'UMOA.

investit. Ce dernier peut faire la promotion du projet d'entreprise auprès de ses réseaux. Ce qui constitue une véritable promotion alternative.

Par ailleurs, le mécanisme offre la possibilité d'améliorer l'offre grâce aux feedbacks de la foule. C'est aussi une belle occasion pour tester le marché et l'accueil du public vis-à-vis du produit ou du service.

En sommes, il combine des solutions de financement, des outils de solidarité mais également une solution d'épargne innovante.

Ses avantages semblent fonder aujourd'hui l'engouement. En France, par exemple, en 2012, entre 25 et 40 millions d'euros auraient transité sur les plateformes dédiées à cette nouvelle forme de financement. Ce chiffre aurait atteint 80 millions d'euros l'année suivante[194]. Le financement participatif y reste en développement constant depuis plusieurs années, passant de 167 millions d'euros collectés en 2015 à plus d'un milliard d'euros en 2020. Les projections prévoyaient même deux milliards d'euros en 2022[195].

Les avantages indéniables du *crowdfunding* ne sauraient autoriser de passer sous silence ses limites. Si, pour le porteur de projet, l'inconvénient majeur réside dans le vol d'idée en cela qu'avec les plateformes, les projets sont accessibles à tous, pour les investisseurs, il est beaucoup plus à rechercher dans la protection des fonds investis.

Ce tableau interpelle sur le cadre juridique pour ce modèle de financement.

113.- La pratique est déjà connue au Sénégal où elle trouve un terreau fertile. Des plateformes de financement participatif existent déjà et donnent la possibilité de participer au projet d'un particulier, d'un entrepreneur ou d'une association en lui apportant un soutien financier avec ou sans contrepartie[196].

---

[194] J. L. CAPDEVILLE, « La réforme du crowdfunding en droit français : les aspects du droit bancaire », Revue générale du droit, www.revuegeneraledudroit.eu.

[195] Source : financeparticipative.org. En mars 2014, Kickstarter, la première plateforme américaine de finance participative dépassait le milliard de dollars collectés ; A. DES ABBAYES (dir), Le crowdfunding, un nouveau marché ? Décryptage et potentiel de marché, op. cit., p. 11.

[196] Exemple de https://sunuinvest.com/.

L'exemple de « Touba ca Kanam ». Association à but non lucratif crée en 2017, il vise le développement socio-économique de Touba, ville sainte de la communauté Mouride. Son ambition est de mobiliser 02 millions de membres de la communauté pour une participation financière individuelle et mensuelle de 1000 F/CFA.

Des contributions volontaires ont permis à l'association de financer l'essentiel de ses activités et projets. En trois ans, elle a pu faire des travaux d'assainissement à Touba, réaliser trois postes de santé avec un équipement professionnel médical, offrir un lot de motopompes ainsi que cinq (5) camions poubelles à la ville de Touba pour lutter contre les inondations, aménager plusieurs kilomètres d'espaces verts urbains dans la cité religieuse, rénover 100 Daaras (école d'enseignement coranique) en dur, débloquer 100 millions FCFA pour les travaux de construction de l'Université de Touba, etc.

La collecte de fonds se fait de façon manuelle avec remise de reçus, par transferts électroniques ou par virements bancaires.

114.- Se pose cependant la question de la réponse juridique apportée ; le droit intervenant bien souvent, en matière économique, une fois que la pratique s'est instaurée. La réglementation favorise-t-elle le développement du *crowdfunding* ?

Alternative de financement pour les petites et moyennes entreprises et, en même temps, facteur de croissance et d'expansion des grandes entreprises, le *crowdfunding* doit être accompagné, aussi bien au niveau de son régime juridique que de son environnement global, pour son développement afin d'en faire un tremplin pour l'essor économique des entreprises sénégalaises, en particulier, et de celles de la région UMOA en général. Une belle occasion pour un pays qui entend pleinement œuvrer à l'édification d'un environnement stratégique, institutionnel et juridique propice au développement des startups qui animent l'écosystème numérique[197].

---

[197] Loi n° 2020-01 du 6 janvier 2020 relative à la création et à la promotion de la startup au Sénégal, JORS n° 7259 du 20 janvier 2020. La startup est une entreprise innovante et agile, légalement constituée depuis moins de huit ans, dotée d'un fort potentiel de croissance à la recherche d'un modèle économique disruptif et de

Sécurité, rentabilité et accessibilité sont les trois piliers pour son développement. Il sera alors question de revenir sur le droit applicable en la matière afin de déceler les obstacles suscités ainsi que les moyens pour les franchir.

Le *crowdfunding* recouvre des mécanismes bien différents. Les fonds mobilisés peuvent l'être par le biais de conventions diverses avec leurs conséquences sur la pratique professionnelle de l'activité.

Les différents contrats qui constituent le support du *crowdfunding* sont déjà organisés par le droit sénégalais. Il s'agit de la donation[198] *(crowdfunding),* du prêt[199] (*crowdlending*) et de la souscription au capital[200] *(crowdequity)*. Cependant, d'une analyse de la législation communautaire et interne, il est permis de constater ce qui pourrait être apprécié comme un retard législatif par rapport au *crowdfunding.* Le droit sénégalais, qui ne s'intéresse pas directement à la question, ne semble pas être un terreau fertile pour sa pratique professionnelle encore moins offrir (suffisamment) de mécanismes de protection adaptés pour les parties prenantes.

La réglementation actuelle est un obstacle juridique pour le développement de l'activité. Les conditions d'exercice du *crowdfunding* gagneraient à être allégées et une protection certaine des parties installée.

---

mécanismes de financement adaptés à sa spécificité en vue de déployer sa capacité exceptionnelle de création de valeurs.

198 Articles 654 et s. du Code de la famille.

199 Articles 527 et s. du Code des obligations civiles et commerciales (article 540 et s. COCC pour le prêt avec stipulation d'intérêt).

200 Il n'est pas à confondre avec le royalty crowdfunding où les investisseurs n'entrent pas dans le capital de l'entreprise mais reçoivent en contrepartie, une certaine somme correspond à un pourcentage du chiffre d'affaires, prédéfini avec l'entreprise concernée.

Section 1 : L'allégement des conditions d'exercice du *crowdfunding*

115.- Offrir au *crowdfunding* un régime favorable implique une action sur les acteurs. L'opération doit être accessible et sécuriser. Il en découle une nécessité d'alléger les conditions appliquées à l'intermédiaire – la plateforme – mais aussi une délimitation du périmètre des sociétés pouvant profiter du *crowdequity*[201].

Paragraphe 1 : L'allégement des conditions appliquées à la plateforme

116.- Le droit applicable à la plateforme est tributaire de la nature juridique de l'activité exercée à titre de profession.

Un dénominateur commun se dégage de la pratique du *crowdfunding*. Dans ses trois représentations, il sera question de recueillir des fonds de la foule. Ce qui pose la question de la nature d'une telle activité. Une analyse de l'activité offre l'opportunité d'en découvrir des opérations de banque avec la conséquence d'en faire une opération des banques, dans le sens général du terme.

117.- La loi uniforme portant règlementation bancaire dans l'UMOA dispose que la réception de fonds du public est une opération de banque, par ricochet relève du monopole bancaire. Les fonds qu'une personne recueille d'un tiers, notamment sous forme de dépôts, avec le droit d'en disposer pour son propre compte, mais à charge pour elle de les restituer[202] sont considérés comme fonds reçues du public.

Dans le cadre du *crowdfunding*, les fonds récoltés le sont pour le compte du porteur de projet. En effet, l'opération est triangulaire du fait de la présence de l'intermédiaire, la plateforme. Outre la publication des projets, elle est chargée de recevoir l'argent. La qualification en réception de fonds du public au sens du droit bancaire qui devait alors être écartée dans ce cas, avec la loi bancaire de 2008, est aujourd'hui expressément exclu avec la nouvelle loi uniforme portant réglementation bancaire dans l'UMOA : les fonds provenant de

---

[201] **v. infra n° 191.**

[202] Art. 5 al. 1 de la loi n° 2008-26 du 28 juillet 2008 portant règlementation bancaire.

financement participatif ne sont pas considérés comme fonds reçus du public[203].

118.- Cependant, il résulte des dispositions de la loi portant réglementation bancaire que les opérations de mise à disposition de la clientèle ou de gestion de moyens de paiement comprennent les services de paiement, les services bancaires de paiement ainsi que les activités d'émission et de gestion de monnaie électronique. Elles considèrent notamment comme services de paiement le dépôt ou le retrait d'espèces et les opérations de gestion de compte.

La réception des fonds sur un compte spécifique pour la réalisation d'un projet, ouvert auprès d'un teneur de compte installe une intermédiation et est qualifiable de fourniture de services de paiement, au moins quand l'opération est à titre onéreux. La pertinence de cette qualification se trouve renforcée par le fait pour la loi uniforme d'exclure expressément du périmètre des services de paiement, les opérations de paiement consistant en la collecte et la remise d'espèces à titre non professionnel, dans le cadre d'une activité à but non lucratif ou caritative.

Une telle situation place l'intermédiaire dans le statut de gérant de moyens de paiement.

La présence d'opération de banque a pour conséquence de faire du *crowdfunding* une opération des banques.

Le droit UMOA accorde un monopole aux établissements agréés (l'ensemble constitué par les banques, les établissements financiers de crédit, les établissements de paiement et les établissements de monnaie électronique) et aux systèmes financiers décentralisés (SFD) pour la pratique professionnelle des opérations de banque.

Les établissements de paiement sont habilités à fournir, à titre de profession, un ou plusieurs services de paiement, dans le respect des conditions et limites définies par leur agrément ou leur autorisation d'exercice.

Le statut d'établissement de paiement semble ainsi s'imposer aux entreprises qui souhaitent pratiquer le *crowdfunding* à titre de profession.

Par ailleurs, une entreprise de technologie financière ne peut sans avoir préalablement été agréée ou autorisée :

---

[203] Art. 18 de la loi uniforme portant réglementation bancaire dans l'UMOA.

- exercer l'activité bancaire ;
- se prévaloir de la qualité de FinTech, ni créer l'apparence de cette qualité, notamment par l'emploi du terme FinTech dans sa dénomination sociale, son nom commercial, sa publicité ou, d'une manière quelconque, dans son activité.

FinTech est une entreprise de technologie financière habilitée à exercer à titre exclusif une ou plusieurs opérations de banque dans le respect des conditions et limites définies par son agrément ou son autorisation d'exercice.

La BCEAO détermine la réglementation spécifique applicable aux FinTech.

Outre le statut juridique de la plateforme, le *crowdequity* devra être rediscuté par rapport à la forme sociale de la société bénéficiaire des fonds.

Paragraphe 2 : La délimitation du périmètre des sociétés pouvant profiter du crowdequity (v. infra n° 191)

Section 2 : La protection des parties à l'opération de *crowdfunding*

119.- La pratique du *crowdfunding* n'est pas sans exposer les parties prenantes. Porteurs de projet et investisseurs encourent des risques exacerbés par la spécificité de l'opération. Une situation que ne peut être passée sous silence par un droit qui souhaite promouvoir l'activité. Offrir au *crowdfunding* un terrain fertile pour son développement nécessite une mise en place de mesures protectrices des intervenants.

Si la protection des données personnelles est une nécessité pour toutes les parties, certains risques sont spécifiques. Protéger les investisseurs et les porteurs de projet se présente alors comme un impératif.

Paragraphe 1 : La protection des investisseurs

120.- Qu'il intervienne par don, prêt ou apport, l'investisseur a besoin de la main protectrice du droit. Dans le *crowdfunding*, la dématérialisation des échanges entraîne une démultiplication des risques. L'avoir de l'investisseur doit alors être protégé aussi bien dans le *crowdequity* (**infra n° 191**) que dans le *crowdlending*.

A. La protection de l'investisseur dans le crowdequity (v. infra n° 191)

B. La protection de l'investisseur dans le crowdlending

121.- La rédaction actuelle du Code des obligations civiles et commerciales ne favorise pas un essor du *crowdlending* à titre onéreux. En effet, si la pratique professionnelle du prêt rémunéré relève du monopole bancaire, pour les particuliers, la stipulation d'intérêt doit être écrite. Le prêt stipulé avec intérêt, lorsqu'il a été fait en argent, doit faire l'objet d'un contrat écrit, visé par un notaire ou une personne habilitée[204] devant lequel a lieu la numération des deniers en présence des parties[205]. Lorsque cette formalité n'est pas respectée, l'écrit ne saurait être retenu comme moyen de preuve du prêt mais vaut commencement de preuve par écrit. Aussi, toute stipulation d'intérêts, dans le prêt d'argent, qui n'est pas constatée par l'écrit visé est nulle de nullité absolue[206].

Une telle situation se concilie difficilement avec la pratique du *crowdfunding* eu égard à la dématérialisation qui le caractérise et à l'intervention de la foule. Le visa n'est apposé par l'une des personnes habilitées que si, devant elle et en présence des parties, les espèces ont été comptées et si la somme transférée à l'emprunteur est exactement sans retenue ni commission, égale à celle qui est portée dans le contrat écrit[207].

---

[204] Il s'agit des Gouverneurs de Région et des Préfets, ou des fonctionnaires par eux désignés à cet effet, des Maires ou leurs adjoints délégués à cet effet et des chefs d'arrondissements ; cf. art. 1er du Décret n° 68-948 du 31 août 1968 fixant la liste des personnes habilitées à viser les contrats de prêt d'argent à intérêt et celle des établissements dispensés des formalités prévues à l'article 542 du Code des obligations civiles et commerciales.

[205] Les établissements de crédit ainsi que les établissements de microfinance sont dispensés de cette formalité ; cf. art. 2. du Décret n° 68-948, op. cit.

[206] Art. 542 al. 3 du Code des obligations civiles et commerciales.

[207] Art. 1er in fine du Décret n° 68-948, op. cit.

En cela qu'elle a droit à une commission, la plateforme qui gère l'encaissement des fonds devrait être un civilement responsable. Le problème demeure dans l'hypothèse où elle se limite uniquement à proposer un service de mise en relation des personnes qui versent un financement avec celles qui apportent un projet.

En outre, si dans le cadre du don il peut être exigé la tenue d'une comptabilité régulière, pour le prêt, l'autre solution serait d'externaliser le risque à un tiers comme un fonds de garantie.

Pour permettre aux PME et aux groupements de femmes et de jeunes d'accéder au crédit bancaire et de contribuer à résorber significativement le gap de financement de ces PME, le décret n°2013-691[208] a créé le Fonds de Garantie des Investissements Prioritaires (FONGIP).

Cette structure a pour missions :

- d'intervenir dans l'octroi de garanties pour le financement de projets porteurs de croissance dans des secteurs prioritaires ;

- de bonifier les prêts des institutions financières en faveur des PME, des groupements de femmes et de jeunes dans les secteurs prioritaires par l'intermédiaire de prêts à court, moyen et long termes pour les institutions financières en échange d'un plafonnement des taux d'intérêts pour les clients ;

- d'assurer le conseil, l'assistance technique, l'accompagnement et le suivi des entreprises bénéficiaires de la garantie du FONGIP ;

- d'entreprendre tout projet de partenariat avec les institutions intervenant dans le domaine de la promotion de l'entreprenariat (sociétés privées de conseil et d'analyses financières, incubateurs, associations, écoles de formation) ;

- de gérer des Fonds de garantie pour le compte des tiers.

Elle constitue alors une belle opportunité pour le développement du *crowdlending* car les caractéristiques des prêts garantis[209] sont en adéquation avec cette activité. Si la durée du prêt est de 1 à 5 ans, la quotité de garantie est de 70% maximum, du capital restant dû, pour les

[208] Décret n°2013-691 du 17 mai 2013 portant création et fixant les règles d'organisation et de fonctionnement du Fonds de Garantie des Investissements Prioritaires.

[209] Il sera question des garanties individuelles. A noter que le FONGIP, pratique aussi la garantie portefeuille.

entreprises en création et 50% maximum, du capital restant dû, pour les entreprises en extension. Le montant plafond de la garantie est fixé à 500 millions de FCFA pour les crédits d'investissement et 200 millions de FCFA pour les crédits d'exploitation. La commission de garantie est 1 à 1.5% HT/an sur le capital garanti.

Sont éligibles à la garantie du FONGIP, les crédits accordés aux Petites et Moyennes Entreprises telles que définies dans la loi en vigueur sur les petites et moyennes entreprises régulièrement immatriculée au RCCM, ayant leur siège social au Sénégal et un capital social détenu à 50%, au moins, par un ou des ressortissants sénégalais. Sont aussi concernés, les porteurs de projets notamment les femmes et jeunes de nationalité sénégalaise pris individuellement ou regroupés en GIE régulièrement immatriculés au registre du commerce et du crédit mobilier et disposant d'un NINEA[210].

Une adaptation de la réglementation des startups serait aussi une opportunité cohérente pour le développement du *crowdfunding*. La loi de 2020 sur la question a mis au profit des startups labellisées, des fonds, d'origine publique et privée, destinés principalement à financer directement les startups éligibles et à garantir[211] :

- dans la limite d'un plafond fixé par décret, les prêts, financements et participations au capital des startup, consentis ou réalisés par des sociétés d'investissement, quelle que soit leur forme, et de tout autre organisme d'investissement selon la législation en vigueur ;
- les prêts consentis aux startups par les établissements de crédit et autres institutions financières assimilées ;

---

[210] Ne sont pas éligibles à la garantie du FONGIP :

- les projets faisant mention d'un caractère politique ou religieux ;
- les projets qui sont exclusivement réalisés ou exploités à l'étranger ;
- les projets dont l'utilité pour l'économie nationale n'est pas bien prise en compte notamment ceux qui ne s'inscrivent pas dans le cadre général du Plan Sénégal Emergent ou qui ne comportent pas de création d'emplois;
- les entreprises admises en redressement judiciaire ou en liquidation des biens tels que prévus par l'Acte Uniforme OHADA sur les procédures collectives ;
- le porteur de projet qui exerce une fonction de représentant légal et/ou d'entrepreneur individuel dans une entreprise admise en redressement judiciaire ou en liquidation des biens tels que prévus par l'Acte Uniforme OHADA sur les procédures collectives.

[211] Art. 10.1 de la loi n° 2020-01 du 6 janvier 2020 relative à la création et à la promotion de la startup au Sénégal.

- l'exécution de marchés.

La quotité des prêts accordés aux startups labellisées, garantis par l'Etat se présente comme suit :

- 80% pour les financements bancaires ;
- 60% pour les institutions de microfinance.

L'investisseur n'est pas la seule partie à protéger pour un développement du *crowdfunding*.

Paragraphe 2 : La protection des porteurs de projet

122.- Le *crowdfunding* présente deux difficultés majeures pour le porteur de projet. D'une part, il y a le coût du financement et, d'autre part, le vol d'idée.

A. Le nécessaire encadrement du coût du financement

123.- Le besoin de financement peut placer le porteur de projet dans une situation de faiblesse dans ses rapports avec la plateforme. Agissant à titre onéreux, celle-ci peut imposer ses règles surtout en l'absence d'alternative. L'égalité qui était considérée comme un paradigme de la théorie de l'autonomie de la volonté (cette égalité doit permettre aux parties d'être les meilleurs juges de leur intérêt)[212] s'est révélée une utopie[213]. Contrairement au propos de Fouillée, « entre le fort et le faible, c'est la liberté qui opprime, ... »[214].

Le montant des commissions doit être encadré sur le fondement de l'ordre public de direction. La liberté contractuelle devrait s'exercer dans le respect d'un plafond pour lutter contre des spéculations qui freineraient tout engouement pour le *crowdfunding*. En effet, en plus de

---

[212] E. GOUNOT, *Le principe de l'autonomie de la volonté en droit privé, contribution à l'étude critique de l'individualisme juridique*, Thèse DIJON, 1912.

[213] La théorie de l'autonomie de la volonté, « loin de faire régner l'ordre et la justice dans le commerce juridique, permettait l'écrasement du plus faible par le plus fort et qu'il en résultait des désordres graves portant atteinte au groupe tout entier », H., L. et J. MAZEAUD, *Leçons de droit civil*, t. II, vol.1, Obligations, Théorie générale, 8e éd. Par F. CHABAS, Montchrestien 1991, spéc., n° 28, p. 24 et s.

[214] F. ROUVIERE, « L'analyse économique des vices du consentement : une nouvelle vision d'une théorie classique », Revue de la recherche juridique, 2008, p. 2488.

la commission, le porteur de projet aura à payer la taxe sur les activités financières (TAF).

Pour mettre à contribution tous les acteurs évoluant dans le secteur financier, il est prévu la TAF qui a remplacé, depuis 2012, la taxe sur les opérations bancaires. Elle s'applique, outre les opérations bancaires, à toutes les autres activités financières réalisées par des assujettis qui n'ont pas le statut légal de banque ou d'établissement financier[215]. Il s'agit notamment des commissions et des intérêts perçus sur les crédits, prêts, avances, transferts d'argent réalisés à partir du Sénégal à l'exclusion du mandat postal[216].

Le taux de la TAF est de 17%. Cependant, les avantages du *crowdfunding* militent en faveur de la mise en place d'un régime dérogatoire pour amoindrir le coût du financement. Mais, en l'état actuel de la réglementation, en considération de leur objet social, certaines sociétés pourront déjà bénéficier du régime faveur.

Pour des raisons de politique économique, le taux de 17% n'est qu'un principe. Il est réduit à 7% lorsqu'il s'agit de financer des opérations de ventes à l'exportation. Par ailleurs, sont exonérés de la TAF, les intérêts et commissions sur prêts d'une durée de cinq ans au moins, consentis à des entreprises de production de biens industriels, agricoles, du secteur de la pêche ou du tourisme[217]. C'est aussi le cas sur les opérations réalisées avec les entreprises établies dans la zone franche industrielle de Dakar.

Un coût allégé du financement nécessite aussi, dans le cadre du *crowdlending*, de prendre en compte le taux d'intérêt qui est conventionnellement fixé par les parties. Certes, un encadrement du taux effectif global d'intérêt conventionnel est posé par l'article 541 al. 1 du Code des obligations civiles et commerciales qui considère qu'en toute matière, à peine de nullité absolue de la stipulation, il ne peut dépasser le double du taux d'escompte de la Banque Centrale des Etats de l'Afrique de l'Ouest, en vigueur à la date de conclusion du prêt.

---

[215] Sont assujettis à la TAF les banques et établissements financiers agréés au Sénégal, les personnes physiques ou morales réalisant de l'intermédiation financières, les personnes physique ou morales réalisant des opérations de transfert d'argent, les opérations de change ; art. 401 du Code général des impôts.

[216] Art. 400 du Code général des impôts. L'assiette de la TAF est constituée par le montant brut des intérêts, agios, commissions et autres rémunérations, la taxe elle-même étant exclue de la base d'imposition ; art. 403 du Code général des impôts.

[217] Art. 402 du Code général des impôts.

Cependant, la marge de liberté qui reste aux parties ne devrait être l'occasion de pratiques léonines.

Un parallélisme peut être trouvé dans le droit appliqué aux startups. Les modalités de remboursement des prêts accordés à ces entités ainsi que les taux d'intérêts sont fixés par la structure de financement en rapport avec la Commission d'évaluation, d'appui et de coordination. Si la durée du crédit ne peut excéder cinq (5) ans, un différé de remboursement de douze (12) mois est accordé à la startup et un amortissement de son emprunt sur une période d'un (1) à cinq (5) ans[218].

A côté du coût du financement, le porteur de projet s'expose, dans le cadre du *crowdfunding* au vol de ses idées.

B. La protection des idées du porteur de projet

124.- Le droit sénégalais offre la possibilité aux porteurs de projet, dans le cadre du *crowdfunding*, de parfaire leurs idées par le truchement du régime des startups.

Une plateforme de formation et de renforcement de capacités réservée aux startups légalement enregistrées mise en place par la structure d'appui et de coordination permet notamment l'accès à une base de données et à une liste d'experts, de formateurs et de mentors qui accompagnent la mise à niveau des porteurs de projets sur des thématiques variées telles que la finance, le marketing, la communication, l'élaboration de business plans[219].

Aussi, le *crowdfunding* pose le problème de la protection des projets déposés. En effet, le porteur s'expose au plagiat. Si une clause de confidentialité peut aider à le protéger contre la plateforme (au moins avant la publication du projet), le danger est réel par rapport aux internautes. S'installe alors une nécessité de protéger les droits des créateurs avant la production officielle de leurs créations, mais aussi de veiller à ce que les projets présentés sur la plateforme n'enfreignent pas eux-mêmes les règles élémentaires de la propriété intellectuelle.

---

[218] Art. 31 du décret n° 2021-1772 portant application de la loi n° 2020-01 du 06 janvier 2020 relative à la création et à la promotion de la startup au Sénégal.

[219] Art. 9.5 de la loi n° 2020-01 du 6 janvier 2020 relative à la création et à la promotion de la startup au Sénégal.

Si l'idée ne peut pas être protégée en tant que telle, les outils de protection intellectuelle tels que les brevets, dessins et modèles, marques ou droits d'auteur, permettent de protéger sa matérialisation.

En 2013, l'un des pionniers de l'impression 3D, l'entreprise américaine 3D Systems, avait décidé de poursuivre pour violation de brevet l'entreprise en démarrage (start-up) Formlabs, qui a sollicité un financement sur la plateforme Kickstarter15. La plainte allègue que Formlabs aurait porté atteinte à un brevet d'impression détenu par 3D Systems. En octobre 2012, 2 068 internautes avaient réussi à réunir 2,9 millions de dollars. Kickstarter prélevant 5% des montants récoltés, 3D Systems a considéré que la plateforme était complice de la violation supposée de brevet et a donc également porté plainte contre celle-ci[220].

Par ailleurs, dans le cadre des activités bancaires, la protection des informations peut se faire sur le terrain du secret professionnel.

Pour préserver la confiance du public dans le système bancaire, les personnes concourant à l'administration, au contrôle, à la direction, à la gérance ou au fonctionnement de l'établissement sont tenues au secret professionnel. Il leur est interdit d'utiliser les informations confidentielles dont elles ont connaissance dans le cadre de leur activité, pour réaliser directement ou indirectement des opérations pour leur propre compte ou en faire bénéficier d'autres personnes[221].

Il est interdit aux mêmes personnes d'utiliser les informations confidentielles dont elles ont connaissance dans le cadre de leur activité, pour réaliser directement ou indirectement des opérations pour leur propre compte ou en faire bénéficier d'autres personnes.

La sanction de l'utilisation d'une information privilégiée se justifie en cela qu'elle fausse la confiance dans l'égalité des investisseurs dans le marché. Le personnel des établissements financier peut ainsi être poursuivi pour le délit d'initié.

Le secret professionnel n'est pas seulement l'affaire de la loi bancaire. Aux termes de l'article 363 du Code pénal sénégalais, hors le cas où la loi les oblige ou les autorise à se porter dénonciateurs, les

---

220 S. ONNEE et S. RENAULT, « Le financement participatif : atouts, risques et conditions de succès », Revue gestion, 2013/3 (vol. 38), p. 62 ; https://www.cairn.info/revue-gestion-2013-3-page-54.htm.

221 Art. 30 de la loi portant réglementation bancaire ; art. 21 de l'instruction n° 008-05-2015 régissant les conditions et modalités d'exercice des activités des émetteurs de monnaie électronique dans les Etats membres de l'UMOA.

personnes dépositaires, par état ou par profession ou par fonctions temporaires ou permanentes, des secrets qu'on leur confie, qui auront révélé ces secrets, seront punis d'un emprisonnement d'un à six mois et d'une amende de 50.000 à 300.000 francs.

Sous le prisme du secret professionnel, la plateforme sera tenue d'apprécier les informations à divulguer pour récolter des fonds « sans dévoiler les secrets, les informations essentielles à son bon développement et les idées par hypothèse non protégeables »[222].

Conclusion

Une diversification des sources de financement installe une compétition économique profitable aux PME. Loin d'affaiblir le système financier, le développement de nouvelles techniques de financement est un tremplin pour l'essor d'une économie en quête de ressources financières.

Sans avoir à réinventer la roue, il est venu l'heure pour le droit UMOA, en harmonie avec les règles de l'OHADA, d'adapter sous nos tropiques ces nouveaux mécanismes qui ont déjà fait leurs preuves ailleurs. Cette nécessité est plus qu'un impératif au risque de devenir une lettre morte devant la recrudescence de pratiques *contra legem*.

Apres la finance islamique participative, n'est-il pas arrivé le moment d'un financement par la foule dans une région où l'association tontinière ne cesse de donner satisfaction ?

Par ailleurs, la réglementation des startups devrait transcender les « activités fondées sur des technologies et processus innovants » pour être un véritable vecteur du *crowdfunding*.

[222] D. DEDIEU, « Risques et responsabilités : comment la loi peut en protéger les acteurs du crowdfunding ? », Le cadre juridique du crowdfunding – Analyses prospectives, (dir. Anne-Valérie LE FUR), op. cit., p. 59.

CHAPITRE 3

LA FINANCE ISLAMIQUE

« Casher », « halal », « contrat religieusement compatible », « entreprise de tendance », etc. pour des raisons de marketing ou par conviction religieuse, les affaires se font de plus en plus sous le manteau de la religion. Commerce, tourisme, finance… aucun domaine ne semble épargné.

La crise économique de 2007 semble avoir installé le printemps de la finance islamique. De plus en plus, elle intéresse comme alternative à la finance conventionnelle, un engouement qui n'a pas épargné l'Afrique.

Section 1 : Présentation de la finance islamique

125.- La finance islamique est une finance religieuse, une finance qui puise ses principes dans la révélation coranique et les traditions prophétiques qui la complètent[223]. Celles-ci bannissent l'usure, la spéculation, le prêt à intérêt[224] et l'investissement dans des activités illicites. Elles prônent le partage des profits et des pertes et l'adossement à des actifs tangibles.

Cette finance a gagné en popularité surtout avec la crise survenue à l'été 2007. Jugée comme résultant essentiellement de « la défaillance quasi générale des autorités de régulation et la complaisance des gouvernements et de l'ensemble des agents économiques face aux facilités de l'endettement »[225], la crise a orienté les regards vers les modèles de financement éthiques (ou plus éthiques) pour y trouver une véritable alternative au modèle traditionnel ; ce qui a ouvert la voie au développement de la finance islamique dans la mesure où celle-ci est considérée comme une branche de la finance éthique. En effet, en cela qu'elle repose sur des valeurs largement universalisables comme celles de responsabilité, d'équité, de justice sociale, de partage, de mutualité et d'équilibre, la finance islamique peut également être considérée comme une branche de la finance éthique car, en islam, l'économie et la morale sont inséparables.

126.- Soutenue dans ses débuts par les investisseurs institutionnels et les États de l'Organisation de la conférence islamique (OCI), la finance islamique n'a réellement enregistré l'adhésion des particuliers qu'à partir des années 1990[226]. L'industrie financière islamique s'est développée au fil des ans pour devenir une partie intégrante et influente

---

[223] Coran, Sourate 2 verset 275 « Allah a rendu le commerce licite, et illicite l'intérêt. » ; verset 276 « Allah anéantit l'intérêt usuraire et fait fructifier les aumônes… » ; Verset 278 « Ô les croyants ! Craignez Allah ; renoncez au reliquat de l'intérêt usuraire, si vous êtes croyants. »

[224] P. ALLARD et Dj. BENCHABANE, « La finance islamique : modèle alternatif, postiche ou pastiche ? », Revue française d'économie, 2010/4 (Volume XXV), p. 13.

[225] P. ALLARD et Dj. BENCHABANE, « La finance islamique : modèle alternatif, postiche ou pastiche ? », précité, p. 11.

[226] La première expérience en matière de finance islamique date des années 1950 au Pakistan, v. M. BITAR etP. MADIES, « Les spécificités des banques islamiques et la réglementation de Bâle III », Revue d'économie financière, 2013/3 (n°111), p. 293.

du paysage financier mondial[227]. Malgré la pandémie de la COVID-19, ses actifs totaux ont enregistré une croissance de 10,7 % pour atteindre 2700 milliards de dollars américains en 2020, un taux de croissance légèrement inférieur à celui de 11,4 % en 2019[228]. Ce potentiel semble fortement avoir justifié les quatre instructions de l'UMOA de 2018 pour corriger, au moins partiellement, le retard accusé par le continent africain[229].

Parallèlement à la loi uniforme portant réglementation bancaire de 2008 et celle portant réglementation des systèmes financiers décentralisés (SFD) telle que modifiée par la Décision n°011 du 29/09/2017/CM/UMOA du 29 septembre 2017, les instructions n°002-03-2018 et n°003-03-2018 de la BCEAO définissent respectivement les conditions d'exercice des activités de finance islamique dans l'Union Monétaire Ouest Africaine par les établissements de crédit et les SFD. Ces dispositions s'appliquent à toutes ces institutions se conformant totalement ou partiellement, dans leurs opérations, aux principes et règles de la finance islamique et exerçant leurs activités sur le territoire d'un Etat membre de l'UMOA.

127.- Les caractéristiques techniques des opérations de finance islamique sont portées d'une part par l'instruction n°004-05-2018 pour les établissements de crédit et celle n° 005-05-2018 pour les SFD. Cette dernière étend considérablement le champ de compétence des systèmes financiers décentralisés. Alors que les opérations que peuvent réaliser les SFD se résumaient à la collecte de dépôts, aux opérations de prêts et à celles d'engagement par signature, ils peuvent faire toutes les opérations de finance islamique au même titre que les établissements de crédit. En d'autres termes, ils peuvent pratiquer les opérations de financement non participatif et celles de financements participatifs. Si

---

227 R. P. NGAHA et F. F. BINAM, « Déterminants de la réticence au marché de la finance islamique au Cameroun », Revue congolaise de gestion, 2019/2, p. 43.

228 Rapport annuel 2021 de l'Institut de la Banque Islamique de Développement (IBID), p. 11. Le rapport précise que le secteur bancaire islamique se taille la part du lion du secteur, représentant 68,3 % du total des actifs mondiaux de l'industrie de la finance islamique. Le montant des actifs détenus par les banques était à 1 100 milliards de dollars américains en 2012 ; M. BITAR et P. MADIES, Les spécificités des banques islamiques et la réglementation de Bâle III, précité, p. 293.

229 La finance islamique reste relativement sous-exploitée en Afrique avec une part des actifs totaux du secteur atteignant environ 1 %. L'Afrique n'a représenté que 2,2 % des émissions mondiales de Sukuk entre 2001 et 2017 ; v. Rapport Sukuk, avril 2018, IIFM (Marché financier islamique international).

les premières renvoient au *qardh*, à la *mourabaha* financement, à la *moussawama* Financement, à l'*ijara* Financement, à l'*istina* et au *salam*, on retrouve dans la deuxième catégorie la *moudaraba* financement et la *moucharaka*.

Cette extension de compétence notée aussi au niveau des établissements de crédit est d'une pertinence qu'on ne saurait discuter avec raison d'autant plus que les SFD s'adressent quasi exclusivement aux populations à revenus modestes, aussi bien en milieu rural qu'urbain. Elle s'inscrit en parfaite cohérence dans la politique d'inclusion bancaire de l'UMOA. Cependant, l'intercurrence est-elle trouvée ? En d'autres termes, le régime juridique de la finance islamique en fait-elle une alternative à la finance traditionnelle ? La réponse à cette interrogation invite à une analyse du régime juridique de la finance islamique à l'aune d'au moins trois critères.

128.- « L'islamité » du régime est un tremplin pour l'essor de l'activité. Le Sénégal est un pays avec une population en majorité de confession musulmane[230]. La création d'institutions financières qui opèrent en conformité avec les principes de la charia y trouve alors un terreau fertile pour sa croissance en cela qu'elle offre l'opportunité aux citoyens musulmans de vivre conformément aux exigences de leur foi[231].

La conformité dans la matérialisation juridique des principes de la finance islamique n'est pas le seul élément déterminant pour l'essor de l'activité. Une des barrières de la finance traditionnelle est le coût des opérations souvent justifié par l'absence ou l'insuffisance des garanties.

En sus de ces deux préoccupations, le développement de la finance islamique reste tributaire d'une sécurité juridique qui s'exprime dans la

---

230 Le Sénégal compte une population composée de 95% de musulmans, 4% de catholiques et 1% d'animistes. Voir, Résultats des derniers recensements, Présidence de la République, Secrétariat général, Direction de la Prévision et de la Statistique, décembre 1989, p. 11. Voir aussi, I. Y. NDIAYE, « Le mariage à l'épreuve du droit traditionnel », Revue sénégalaise de droit, n° 36, semestrielle janvier-juin 2011, p. 22.

231 A noter que les valeurs prônées par la finance islamique ne sont pas seulement une affaire de musulman. Par exemple l'Islam n'est pas isolé dans la condamnation de l'intérêt. Au nom de la loi naturelle, Saint Thomas condamne le négoce où la monnaie n'est plus un instrument de crédit, mais le commencement et la fin de l'échange. v, Ch. CARDAHI, « Le prêt à intérêt et l'usure au regard des législations antiques, de la morale catholique, du droit moderne et de la loi islamique », Revue internationale de droit comparé. Vol. 7 N°3, Juillet-septembre 1955. p. 506.

prévisibilité attendue de la norme mais aussi dans sa cohérence générale.

Construite sur la base d'une théorie du marché comme institution morale inséparable d'une régulation non seulement juridique mais proprement éthique, le développement de la finance islamique peut ainsi trouver un tremplin dans l'éthique des affaires qui a connu un développement important depuis quelques années, tant au niveau de la pratique des entreprises qu'au niveau de la recherche théorique[232]. En effet, depuis la crise des *subprimes*, le monde des affaires est confronté à une réelle crise de confiance qui y remet à l'ordre du jour la place de l'éthique.

129.- Le droit de la finance islamique n'est cependant pas une exception dans les relations entre les affaires et la religion. Déjà, avec la Loi n° 2015-11 du 06 mai 2015 relative au waqf[233], le Sénégal, « conscient de l'efficacité d'un tel instrument de solidarité, (...) qui s'est engagé dans une politique sociale de réduction des inégalités, d'amélioration de l'accès aux services sociaux de base, de redistribution des revenus, de protection sociale des groupes vulnérables et d'organisation de la solidarité nationale, veut promouvoir et faciliter la réalisation de projets waqf en mettant en place un cadre juridique approprié »[234].

Au plan communautaire, il a été adopté le règlement n° 10 /2022/CM/UEMOA du 30 septembre 2022 relatif aux titres financiers islamiques, aux sociétés d'émission de sukuk autogérées et aux fonds d'émission de sukuk dans l'UEMOA entré en vigueur le 1er janvier 2023 auquel il faut ajouter la décision du Conseil des Ministres de l'UMOA du 15 septembre 2022 qui modifie le Règlement général relatif à la création, au fonctionnement et au contrôle du marché financier pour tenir justement compte de la mise en place d'un marché des capitaux islamiques[235].

Les initiatives font donc légion et installent une belle opportunité pour les pays membres de l'UMOA en particulier et pour l'Afrique en

[232] S. CHAMPEAU, « L'éthique des affaires. Une interprétation philosophique », Raison publique 2016/1 (N° 20), p. 209.

[233] J.O. N° 6873 du Samedi 29 août 2015, v. **infra n° 131.**

[234] v. exposé des motifs de la Loi n° 2015-11 du 06 mai 2015 relative au waqf.

[235] v. **infra n° 182.**

général[236]. Concernant la finance islamique, elle peut jouer un rôle important dans le renforcement économique des populations, dans la promotion de la culture entrepreneuriale, par l'investissement dans l'économie réelle et durable, contribuant ainsi de façon positive aux économies africaines. En effet, « un continent peuplé de 1,2 milliard de personnes, dont environ 40 % de musulmans, peut s'appuyer sur la finance islamique afin de stimuler l'inclusion financière pour laquelle il accuse un retard sur la moyenne mondiale de 69 %, avec seulement 43 % de sa population ayant accès aux services financiers en 2017 »[237].

Section 2 : Les opérations de la finance islamique

130.- Les activités de finance islamique qui relèvent d'un monopole des établissements de crédit et des SFD se subdivisent en opérations de financement participatif et en opérations de financement non participatif.

1. Opérations de financement islamique non participatif

- Qardh[238],
- Mourabaha financement : contrat de vente d'un bien meuble ou immeuble, conclu entre un établissement de crédit propriétaire et un client, sur la base d'un coût d'acquisition et d'une marge connus d'avance par les deux parties.
- Moussawama Financement : contrat de vente d'un bien meuble ou immeuble, conclu entre un établissement de crédit, propriétaire dudit bien, et un client sur la base d'un prix convenu d'accord parties sans obligation, pour le vendeur, de déclarer le montant de sa marge bénéficiaire.

---

[236] Le même mouvement se remarque dans la zone CEMAC. Par exemple, l'article 6 alinéa 3 du règlement n°01/22/CEMAC/UMAC/CM/COSUMAF portant organisation et fonctionnement du marché financier de l'Afrique centrale du 21 juillet 2022 présente les sukuks comme équivalant à des obligations ordinaires et soumis aux préceptes religieux de la Charia.

[237] IFAAS, La boîte à outils de la finance islamique, p. 43, document publié sur : https://www.fsdafrica.org/wpcontent/uploads/2020/06/Islamic-Finance-Toolkit-French-large-29.04.20.pdf, consulté le 20 novembre 2023.

[238] v. **supra n° 13.**

- Ijara[239] : contrat de location d'un bien meuble ou immeuble établi entre un établissement de crédit et un client. Le contrat Ijara prend la forme d'un Ijara financement lorsque, d'une part, le bien acquis est destiné à un usage professionnel et, d'autre part, la possibilité est offerte au client d'exercer, à terme ou avant le terme du contrat, une option d'achat sur tout ou partie du bien loué, sur la base d'un prix convenu.

- Istisna : contrat conclu entre un établissement de crédit et un fabricant ou un constructeur, par lequel ce dernier s'engage à livrer un bien manufacturé ayant des caractéristiques convenues, à un prix fixe et selon des modalités de paiement arrêtées d'accord parties, notamment au comptant, en différé ou à terme.

- Salam : Salam désigne tout contrat par lequel l'une des parties, le vendeur, s'engage à livrer à l'autre partie, l'acquéreur, dans un délai convenu, un bien déterminé dont le prix est intégralement payé au comptant.

2. Opérations de financement islamique participatif

- Moudaraba financement : contrat par lequel un établissement de crédit apporte des capitaux à un client, en vue de la réalisation de projets d'investissements.

- Moucharaka Moucharaka : contrat par lequel un ou plusieurs investisseurs et un établissement de crédit, mettent en commun des capitaux avec décaissement immédiat ou différé, pour réaliser un projet d'investissement déterminé.

Pour une étude de la finance islamique, C. A. W. NDIAYE, « Religion et affaires : libres propos sur le régime juridique de la finance islamique en droit UMOA », Revue internationale de droit comparé, Juillet 2024, p. 85 et s.

3. Le cas du waqf

131.- Le Waqf, selon le droit musulman, est un bien dont la jouissance est donnée soit à un destinataire public, (waqf publics), soit à des membres spécifiques de la famille du donateur ou des tiers (waqf de famille), soit aux deux catégories de bénéficiaires (waqf mixtes).

---

[239] v. développements sur le crédit-bail.

Selon les dispositions de la Loi n° 2015-11 du 06 mai 2015 relative au waqf, c'est tout bien dont la nue-propriété est immobilisée à perpétuité ou à temps et dont la jouissance est affectée à une œuvre de charité et de bienfaisance publique ou privée[240].

La constitution de waqf constitue un véritable outil de financement car la jouissance qui peut bénéficier à diverses œuvres de bienfaisance, a un impact direct sur le développement économique, le bien-être des populations bénéficiaires dans les domaines de la santé, de l'éducation, de l'emploi ou de l'agriculture. C'est un véritable instrument de solidarité.

Le droit sénégalais consacre quatre formes de waqf :

- Waqf public : tout bien constitué waqf géré par une personne publique et dont la jouissance est affectée en premier ou en dernier lieu à des œuvres de charité et de bienfaisance ainsi qu'à la réalisation d'une œuvre d'intérêt général.

- Waqf de famille ou waqf privé : tout bien constitué waqf au profit de certains membres de la famille ou de la descendance du constituant ou d'une tierce personne physique ou morale.

- Waqf mixte : tout bien constitué waqf pour une partie au profit d'une œuvre publique, et pour l'autre partie dudit bien, au profit d'une personne désignée ou de sa descendance ou au profit exclusif de la personne désignée. Il peut être composé d'un waqf de famille et d'un waqf public ou d'un waqf d'intérêt public.

Dans le cas d'un waqf mixte avec une composante waqf public, la gestion du waqf revient au waqf public.

- Waqf d'intérêt public : tout waqf ayant un but d'intérêt public géré par une personne privée physique ou morale.

Le waqf peut être constitué de biens immeubles ou meubles ainsi que d'actifs financiers ou monétaires. Toutefois, les actifs monétaires doivent être investis conformément à la condition stipulée dans l'acte de constitution.

En ce qui concerne la destination, le bien peut être affecté :

- à des fins de culte ;

---

[240] Art. 1er de la Loi n° 2015-11 du 06 mai 2015 relative au waqf, J.O. n° 6873 du Samedi 29 août 2015.

- à des œuvres de bienfaisance telles que la protection sociale, la culturelle, l'éducation ou la santé publique ;
- à des banques islamiques ;
- etc.

Les revenus générés par les biens affectés peuvent bénéficier à des personnes ou à une catégorie de personnes bien définie comme ils peuvent servir à l'entretien de biens publics comme les mosquées, les hôpitaux, les universités, etc. En plus de l'entretien, ils peuvent contribuer à la construction et au développement des biens publics et des infrastructures à portée socio-économique.

Etude de cas

Avec l'essor du tourisme religieux, le waqf peut porter sur la construction d'un hôtel qui va contribuer au développement économique (emploi, entreprises, taxes,…) avec des revenus tirés de l'exploitation qui pourront servir à assurer l'entretien et/ou à financer d'autres œuvres.

A Saint-Louis (nord du Sénégal), un grand négociant, de l'époque coloniale a laissé pour la postérité, beaucoup de biens en Waqf. On retrouve « une mosquée entourée de logements. C'est le vieux Gora Diop qui a acheté cet espace. Il s'est ensuite payé un autre immeuble appelé « Ndeeyu Minbar »[241] et l'a mis en location, afin que les fonds générés puissent entretenir ce bien qu'il a offert en Waqf. C'est pourquoi, il n'est permis à aucun occupant d'y investir le moindre franc, juste pour respecter la volonté du donateur »[242].

Il est créé au Sénégal une autorité administrative indépendante chargée de l'administration et de la supervision du waqf, dénommée Haute Autorité du waqf. Elle a, entre autres missions, de veiller à l'utilisation du waqf selon le souhait du constituant[243].

---

241 La « mère du minbar », comme pour dire ce qui nourrit le minbar, ce qui finance le minbar.

242 https://www.dakaractu.com/Waqf-L-histoire-de-Gora-Diop-ce-traitant-qui-a-seduit-Serigne-Babacar-Sy-et-transforme-a-Saint-Louis, consulté le 23 février 2025.

243 Art. 27 de la Loi n° 2015-11 du 06 mai 2015 relative au waqf.

Lorsque le bien à constituer en waqf est grevé de charges, le constituant doit obtenir une approbation spéciale des créanciers inscrits qui renoncent expressément à toute réclamation sur ledit bien.

Les biens constitués waqf public sont insaisissables et imprescriptibles.

Les règles du droit commun, y compris celles du droit de la famille, régissant la capacité de contracter, la représentation ou le mandat ainsi que l'interdiction et la protection de l'interdit, sont applicables au constituant. Si l'offre est faite par le constituant au cours de sa dernière maladie, elle est assimilée au testament conformément aux dispositions du Code de la famille et ne peut dépasser le tiers de ses biens, sauf consentement des héritiers.

La constitution du bien en waqf se fait par acte notarié ou par acte sous seing privé déposé au rang des minutes d'un notaire avec reconnaissance d'écritures et de signatures.

Pour les waqf créés par l'Etat ou ses démembrements, la constitution se fait par décret sans préjudice des textes applicables en matière de cession des biens de l'Etat.

La constitution du bien immobilier en waqf, son inaliénabilité à temps ou à perpétuité et font l'objet d'une inscription au livre foncier.

4. Le sukuk (infra n° 182)

CHAPITRE 4

LA VENTE

La vente est le contrat par lequel le vendeur s'engage à transférer la propriété d'une chose corporelle ou incorporelle à l'acquéreur, moyennant un prix fixé en argent[244].

La vente comme technique de financement est déjà très présente dans la pratique sénégalaise avec par exemple, le « soul bouki, souli bouki » (une personne prend à crédit un bien qu'elle vend aussitôt à moindre coût pour avoir des fonds. Il n'est pas exclu que l'acheteur soit le prêteur).

Il sera question d'étudier :

- la vente de l'usufruit,
- la vente à réméré,
- la cession de créance ;
- la vente viagère,
- la vente en l'état futur d'achèvement ;
- la vente avec échange de locaux.

[244] Art. 264 COCC.

LA VENTE DE L'USUFRUIT

132.- La vente de l'usufruit est une opération juridique qui implique la transmission de la jouissance d'un bien, sans pour autant en transférer la propriété totale. En droit civil, l'usufruit est le droit d'utiliser un bien et d'en percevoir les fruits (revenus, produits) tout en préservant la substance. C'est le droit de jouir des choses dont un autre a la propriété, comme le propriétaire lui-même. La vente de l'usufruit consiste ainsi pour le nu-propriétaire à céder ce droit d'usage et de jouissance à une autre personne appelée usufruitier pour une période déterminée ou pour une durée de vie, mais elle ne confère pas la pleine propriété du bien. On transfère un droit réel mobilier ou immobilier démembré, un droit réel sur la chose d'autrui.

En droit des sociétés, l'on retrouve l'apport en usufruit qu'il ne faut pas confondre avec l'usufruit d'actions[245].

133.- La cession de l'usufruit est une technique de financement car elle permet d'avoir rapidement des liquidités sans perdre la propriété du bien. Elle offre l'opportunité de se financer avec la garantie de retrouver la plénitude de son droit de propriété. En effet, l'usufruit dure la durée de vie de l'usufruitier ; c'est un droit viager. Les parties peuvent aussi fixer un terme.

Par ailleurs, la loi protège le vendeur de l'usufruitier qui abuse de son droit. Commet une faute par abus de droit celui qui use de son droit dans la seule intention de nuire à autrui, ou qui en fait un usage contraire à sa destination[246]. L'usufruit pourra prendre fin par la déchéance pour abus de jouissance. Dans ce cas, le nu-propriétaire sera en droit de réclamer des dommages et intérêts si la jouissance abusive lui a causé un préjudice.

---

[245] Dans le premier cas, on devient associé et l'on reçoit en contrepartie des titres sociaux alors que, dans le second cas, c'est le droit de propriété sur les actions qui est démembré.

[246] Art. 122 COCC.

Malgré la cession de l'usufruit, le nu-propriétaire peut aussi mobiliser des fonds par la vente de son droit. Cependant, ce transfert de la nue-propriété ne peut porter atteinte aux droits de l'usufruitier.

Il est aussi possible de vendre la nue-propriété et de conserver l'usufruit pour un temps ou pour toute une vie.

Etude de cas

Le propriétaire d'un immeuble à usage d'habitation peut céder la nue-propriété pour avoir des ressources financières et, avec l'usufruit, continuer à y vivre pour le restant de ses jours.

L'usufruitier a un droit patrimonial transmissible entre vifs, s'il n'en est pas décidé autrement par la loi ou par la convention. Outre le droit d'user de la chose et de profiter de ses fruits, il gagne ainsi la possibilité, par exemple, d'apporter son droit pour acquérir la qualité d'associé ou en garantie pour mobiliser des ressources financières.

Lorsque l'usufruit porte sur des choses consomptibles, l'usufruitier en acquiert l'abusus, à charge pour lui de restituer une chose équivalente en qualité et en quantité, ou une somme d'argent correspondant à la valeur au jour de la restitution ; c'est le quasi-usufruit.

LA VENTE À RÉMÉRÉ

134.- Le vendeur peut, par une stipulation expresse insérée dans le contrat, se réserver pendant un certain délai, le droit de reprendre la chose vendue[247]. En d'autres termes, par une clause à réméré on peut vendre un bien en ayant la possibilité de le racheter.

Au même titre que la vente de l'usufruit, la vente à réméré est une technique de financement car elle permet d'avoir des liquidités en transférant son droit de propriété sur un bien pour une durée maximale de trois ans[248] avec la possibilité de récupérer le bien.

La clause à réméré doit être formalisée par écrit et les modalités, le prix et la durée expressément indiqués. Le contrat devra, s'il porte sur un immeuble, être publié au livre foncier.

135.- La vente à réméré qui se présente comme une sorte de droit de repentir pour le vendeur est une solution intéressante pour répondre à des besoins de financement rapide tout en offrant une option de retour sur le bien vendu. Elle peut s'assimiler à un prêt avec garantie du droit de propriété. Le vendeur s'octroie la possibilité d'obtenir un financement important, à moindre coût. En effet, à l'issue de l'opération, il n'est redevable d'aucun intérêt supplémentaire, il devra juste régler le coût exact du rachat prévu à l'avance et ses frais.

Le vendeur qui exerce le réméré doit rembourser à l'autre partie le prix de la vente. De plus, il doit désintéresser l'acquéreur des frais du contrat, des réparations nécessaires et des impenses utiles jusqu'à concurrence de la plus-value créée.

La vente à réméré se distingue ainsi d'une vente assortie d'une promesse de rétrocession souscrite par l'acquéreur. Alors que dans la première situation le vendeur est juste tenu de rembourser le prix augmenté des diverses sommes précitées, la rétrocession pourrait être promise pour un prix différent de la vente.

---

[247] Art. 334 COCC.

[248] Le terme fixé par le contrat peut être prolongé par le juge et ne sera considéré définitif qu'en vertu d'un jugement.

Le contrat de vente à réméré peut comporter une clause d'occupation du bien permettant au vendeur de continuer à occuper (à utiliser) le bien en contrepartie du versement d'une indemnité d'occupation.

L'acheteur à réméré, par exemple de titres sociaux, pourra être assimilé à un véritable épargnant. Véritable propriétaire des titres, il en acquiert tous les attributs tout en bénéficiant d'une garantie liée au transfert de propriété. Il gagne aussi la possibilité d'avoir une propriété définitive sur le bien, si le vendeur n'exerce pas son droit dans les délais.

136.- Le vendeur à réméré peut exercer son droit à l'encontre des ayants-cause de l'acquéreur qui ont eu connaissance de l'existence du pacte de rachat.

Lorsque l'acquéreur n'a pas dévoilé le caractère conditionnel de son droit de propriété, il est tenu de verser au vendeur le double de la valeur de la chose.

Si la vente à réméré porte sur une part indivise, le propriétaire qui demande le partage doit mettre en cause le vendeur qui peut exercer son droit jusqu'au partage définitif.

137.- La vente à réméré, une opération de crédit. La loi uniforme portant réglementation bancaire dans l'UMOA qualifie désormais la vente à réméré de biens mobiliers et immobiliers d'opération de crédit, sous réserve des limitations réglementaires, notamment prudentielles. L'activité devient ainsi une activité de monopole par rapport à sa pratique professionnelle.

LA CESSION DE CRÉANCE

138.- Il résulte des dispositions de l'article 241 COCC que, sans le consentement du débiteur, le créancier peut céder son droit à un tiers à moins que la cession ne soit interdite par la loi, la convention ou la nature de l'obligation.

La cession de créance est une réponse pour les entreprises dont l'équilibre financier est menacé en cas de retards de paiement des débiteurs. Elle offre aussi l'opportunité au créancier de mobiliser de la trésorerie en cédant ses créances, mais aussi de réduire le risque de défaut de paiement. Le tiers (cessionnaire) prend en charge le recouvrement la créance auprès du débiteur cédé, très souvent en contrepartie d'une commission correspondant à un pourcentage de la somme due.

Le cessionnaire devient créancier aux lieu et place du cédant. Il bénéficie des droits et sûretés attachés à la créance. Cependant, le débiteur cédé peut lui opposer toutes les exceptions qui ont pu être acquises avant la signification de la cession. En outre, la cession doit être constatée par écrit et lui être signifiée à titre d'opposabilité.

Saut stipulation contraire, le cédant garantit, au cessionnaire la seule existence de la créance et des sûretés qui y sont attachées.

139.- Le cas de l'affacturage. L'affacturage est une cession de créances commerciales. Il renvoi à l'opération par laquelle l'adhérent transfère par une convention écrite avec effet subrogatoire, ses créances commerciales à l'affactureur qui, moyennant rémunération, lui règle par avance tout ou partie du montant des créances transférées, supportant ou non, selon la convention des parties, les risques d'insolvabilité éventuelle sur les créances cédées. Le factor (l'affactureur) achète les créances commerciales d'une entreprise à un prix inférieur à leur valeur nominale, ce qui permet à l'entreprise de bénéficier d'une avance sur ses factures en attente de paiement.

La cession peut porter sur la totalité, une fraction ou une part indivise d'une créance due par un débiteur.

L'affacturage est dit confidentiel lorsque les créances cédées ne sont pas notifiées au débiteur cédé. Dans ce cas, l'adhèrent conserve les droits d'encaissement et de recouvrement des créances, et la subrogation de l'affactureur dans ces droits n'est pas nécessaire. Le débiteur cédé paie à l'échéance sur un compte dédié libellé au nom du fournisseur mais sur lequel seul l'affactureur a le droit de retirer les fonds.

Opération de crédit, l'affacturage est exercé par les établissements de crédit ou les systèmes financiers de centralises agrées dans les Etats membres de l'UMOA.

Comme pour les autres obligations de somme d'argent, des intérêts moratoires sont acquis au cessionnaire en tant qu'accessoire de la créance cédée, à compter de l'échéance de paiement de la facture. Ils sont déterminés sur la base du taux de l'intérêt légal.

LA VENTE VIAGÈRE

140.- Dans la pratique contractuelle, la vente classique peut être additionnée à la rente viagère pour donner la vente viagère. Le débirentier qui peut immédiatement occuper le logement, supporte une obligation de somme d'argent, le paiement du prix, avec un versement échelonné. Il doit verser, au moment de la conclusion du contrat, une somme appelée bouquet ainsi qu'une rente annuelle et ce jusqu'à la mort du crédirentier[249].

En droit du financement, c'est une variante de la vente viagère qui nous intéresse le plus : la vente viagère occupée. Cette dernière est une technique de financement dans la mesure où, malgré le fait d'avoir transféré le droit de propriété, le crédirentier continue toujours d'occuper la maison sur la base du droit d'usage et d'habitation qui est un droit réel immobilier[250]. Ainsi, pour le débirentier le prix baisse davantage en raison de l'occupation et pour le crédirentier, la vente viagère occupée lui permet d'obtenir un capital de départ (le bouquet), le versement annuel d'une somme d'argent (la rente) et enfin de continuer d'occuper la maison.

La rente peut être constituée, pour la durée de la vie du crédirentier ou d'un tiers, d'une seule ou de plusieurs personnes. Dans ce dernier cas, sauf convention contraire, à la totalité de la rente.

141.- La vente viagère occupée se distingue du contrat de location-vente (location avec promesse synallagmatique de vente) du fait de l'aléa constitué par la date de la mort du vendeur. Le prix de vente final est inconnu et lié au décès du vendeur.

Le contrat est nul si la rente est constituée sur la tête d'une personne décédée au tour du contrat ou atteinte d'une maladie dont elle meurt dans les trois mois.

---

[249] La constitution de rente viagère est l'engagement que prend une personne, le débirentier, de verser une rente annuelle payable pendant la vie du créancier, le crédirentier ; art. 746 COCC.

[250] Voir article 19 de la loi du 30 mars 2011 portant organisation de la propriété foncière.

Etude de cas

La vente viagère occupée est une belle opportunité par exemple pour une personne à la retraite (le vendeur) et un jeune qui débute sa carrière professionnelle et souhaite acquérir une maison.

Si, pour le propriétaire, c'est l'opportunité d'un complément de revenus sans être confronté à un problème de logement, l'acheteur, en plus d'un paiement échelonné (qui peut lui éviter un prêt bancaire), gagne la possibilité d'acquérir un bien à moindre coût, en tenant compte de l'espérance du vendeur.

Si l'acheteur décède avant le vendeur, l'obligation de verser la rente viagère se transmet à ses héritiers, comme toute dette.

LA VENTE EN L'ÉTAT FUTUR D'ACHÈVEMENT

142.- Communément appelée « VEFA » (également appelée « achat sur plan »), la vente en l'état futur d'achèvement appartient à la famille des ventes d'immeubles à construire[251]. Elle porte sur un bien immobilier à construire ou en cours de construction.

C'est le contrat par lequel le vendeur (promoteur) transfère immédiatement à l'acquéreur ses droits sur le sol ainsi que la propriété des constructions existantes[252]. A la signature du contrat de vente, l'acquéreur devient le propriétaire du sol, puis propriétaire du bien au fur et à mesure de sa construction.

En considération des modalités de transfert de la propriété et de paiement du prix, la VEFA est une technique efficace de financement pour les deux parties à l'opération.

143.- Avantages pour l'acquéreur. D'une part, l'acquéreur devient propriétaire du terrain et des constructions déjà réalisées au moment de la conclusion du contrat et, d'autre part, les ouvrages à venir deviennent sa propriété au fur et à mesure de leur exécution.

Pour l'acheteur dans l'urgence, du fait du transfert immédiat de la propriété, il pourra aménager dans les locaux, commencer son activité concomitamment aux constructions. En outre, il bénéficie de garanties d'achèvement.

La garantie de l'achèvement de l'immeuble résulte soit de l'existence de conditions propres à l'opération, soit de l'intervention d'une banque, d'un établissement financier habilité à faire des opérations de crédit immobilier, d'une entreprise d'assurance agréée à cet effet ou d'une

---

[251] L'autre contrat de vente d'immeuble à construire est la vente à terme. C'est le contrat par lequel, le vendeur s'engage à livrer l'immeuble à son achèvement, l'acheteur s'engage à en prendre livraison et à en payer le prix à la date de livraison. Le transfert de propriété s'opère de plein droit par la constatation par acte authentique de l'achèvement de l'immeuble ; il produit ses effets rétroactivement au jour de la vente. v. art. L165 du Code de la construction.

[252] Art. L166 du Code de la construction.

société de caution mutuelle constituée conformément aux dispositions réglementaires en vigueur.

Outre la garantie d'achèvement, il y a la garantie de remboursement. Elle est donnée par l'un des organismes pouvant intervenir dans le cadre de la garantie d'achèvement.

Par ailleurs, le versement du prix de vente est échelonné. L'acquéreur est tenu de payer le prix à mesure de l'avancement des travaux. C'est une opportunité d'éviter ou de minimiser l'emprunt bancaire.

Le contrat de VEFA doit être conclu par acte authentique et préciser :

- a description de l'immeuble ou de la partie de l'immeuble vendu,
- son prix et les modalités de paiement de celui-ci,
- le délai de livraison.

Le preneur, dans le cadre d'une VEFA dispose aussi de la possibilité d'un choix personnalisé en choisissant, par exemple l'emplacement de l'immeuble (surtout dans le cadre d'une copropriété) ou en lui apportant des modifications.

Le vendeur d'un immeuble à construire ne peut être déchargé, ni avant la réception des travaux, ni avant l'expiration d'un délai d'un mois après la prise de possession par l'acquéreur, des vices de constructions alors apparents. Il est, en outre, tenu, à compter de la réception des travaux, des obligations dont les architectes, entrepreneurs, tâcherons, artisans et autres personnes liées au maître d'ouvrage par un contrat d'entreprise sont eux-mêmes tenus.

144.- Avantages pour le vendeur. L'opération préserve le promoteur du risque de mévente. En outre, la mobilisation des sommes pourra servir au préfinancement des travaux ou à solder par anticipation le crédit-promoteur. Ce levier d'autofinancement à l'avantage d'impacter significativement le coût de la construction et, par ricochet, celui de la vente de l'immeuble.

LA VENTE AVEC ÉCHANGE DE LOCAUX

145.- La vente avec échange de locaux aussi appelée vente avec dation en paiement ou vente de tantième, est la relation entre un vendeur qui n'a pas voulu quitter son terrain (où n'a pas les moyens de sa mise en valeur) et un prometteur immobilier intéressé par les lieux mais qui n'a pas la propriété. Elle peut consister pour un propriétaire à céder son terrain à une personne qui s'engage, en contrepartie, à y édifier un immeuble et à en remettre une partie au cédant. Les lots attribués résultent d'un échange, d'une double vente ou d'une dation en paiement.

Cette option qui implique une double mutation est souvent écartée au profit de celle où le propriétaire installe une indivision sur le sol. Il cède à l'autre partie des parts indivises du terrain, le propriétaire vend des droits sur le sol. Avec cette technique, le vendeur (le propriétaire initial) et l'acheteur, deviennent des indivisaires. L'acheteur quant à lui s'engage à effectuer des constructions sur l'immeuble. A la fin des constructions, les parties deviennent copropriétés de l'immeuble par la technique de l'accession immobilière. Elles se partagent les appartements sur lesquels chacun aura un droit de propriété.

La vente de tantième constitue un moyen de financement en matière immobilière en ce sens que le vendeur devient propriétaire des immeubles construits par l'acheteur-constructeur qui considère le prix des tantièmes comme représentant la participation du vendeur.

CHAPITRE 5

LE FINANCEMENT BASÉ SUR LE DROIT DES SOCIÉTÉS

La société commerciale est l'une des expressions du droit OHADA comme un véritable droit du financement. Si la constitution d'une société offre l'opportunité de financer une activité commerciale, ses règles favorisent aussi, en cours de vie sociale, le développement de celle-ci.

146.- Créé par le Traité relatif à l'harmonisation du droit des affaires en Afrique, l'OHADA a aujourd'hui 32 ans[253]. Seulement ? C'est selon ! Tant d'échos, d'éclats, d'audace et de stress ont marqué les années écoulées[254].

L'objectif majeur de l'Organisation est l'attractivité économique. Faut-il le rappeler, au moment de sa création, l'Afrique subsaharienne était confrontée à un ralentissement des investissements consécutif à la récession économique et à l'insécurité juridique et judiciaire. Il fallait alors redonner confiance aux investisseurs domestiques et étrangers pour relancer les activités économiques dans les différents Etats. Il fallait un second souffle.

L'ambition était donc, au-delà de sa noblesse, claire :

- ✓ mise en place d'un cadre juridique adapté et incitatif ;
- ✓ mise en place de procédures judiciaires appropriées ;
- ✓ encouragement du recours aux MARC.

Une ambitieuse entreprise de sécurisation juridique et judiciaire du droit des affaires, conçue comme un élément-clé non seulement de l'attractivité économique des investissements étrangers, mais aussi de l'essor des échanges économiques intra-africains.

Aujourd'hui, à l'heure de la désindustrialisation, des fonds d'investissements, du financement participatif, aujourd'hui que, incontestablement, le marché est roi, la finance domine, question ne pouvait être plus pertinente que de s'interroger sur le Droit OHADA et le financement des entreprises.

147.- A travers la société commerciale, l'OHADA se présente comme un véritable droit du financement. Ses règles permettent, par la constitution d'une société, de financer une activité commerciale mais aussi de favoriser, en cours de vie sociale, le développement de celle-ci.

---

[253] Le Traité a été signé à Port Louis, le 17 octobre 1993.

[254] R. MASAMBA, *Droit et attractivité économique : le cas de l'OHADA*, Avant-propos, éditions IRJS, 2013, p. VII.

LE FINANCEMENT DE L'ACTIVITÉ PAR LA SOCIÉTÉ COMMERCIALE

148.- Mutualisation d'efforts, la constitution de la société commerciale est un mécanisme de financement qui protège le patrimoine personnel de ses membres.

Paragraphe 1 : La constitution de société, un mécanisme de financement

149.- Constituer une société suppose au préalable un capital. Le capital est « la valeur attribuée par les associés à un ensemble d'apports en espèces ou en nature, sur laquelle les associés s'interdisent tout prélèvement à leur profit »[255]. Le capital est alors la somme des valeurs des apports affectés à une société par les associés. C'est une masse abstraite de biens qui remplit une fonction économique au bénéfice d'une entreprise, sans pour autant renier une fonction civile frugifère[256]. Le capital est ainsi le patrimoine initial permettant à la société d'engager la réalisation de son objet social. M. GORE expose en ce sens que « au point de vue économique, le capital social d'une entreprise est l'élément de base de financement de l'activité que l'entreprise exerce »[257].

Cependant, cette fonction du capital social est remise en cause. M. Reinhard met en avant le rôle essentiellement théorique du capital social dont le suppléant économique réel est l'actif net de l'entreprise. Seul ce dernier est nécessaire pour la valorisation de celle-ci. Défini comme « la somme susceptible d'être répartie entre les associés après paiement des créanciers », il détermine la valeur des parts sociales et

---

[255] HAMEL et LAGARDE, *Traité de droit commercial*, éd. Dalloz 1954, t. 1, n° 396 p. 480.

[256] SAVATIER, *Le droit comptable au service de l'homme*, éd. Dalloz 1969, n°119.

[257] GORE, La notion de capital social, Mélanges Rodière, éd. Dalloz 1981, p. 85, n° 1. Le même article fut présenté au colloque de l'Université Paris II de 1977, « Le capital social : grandeur ou décadence ? ».

informe sur la solvabilité de la société[258]. P. Le CANNU, évoquant « les rides du capital social »[259] relève successivement le déclin de la fonction de garantie du capital social, le recul de sa fonction de financement, et l'érosion de la fonction distributive. La garantie des créanciers par un capital social minimum semble ainsi illusoire, le capital social étant le plus souvent dépensé dans les premières semaines d'activité.

La remise en cause de la fonction du capital révèle que si la critique est facile, l'art est difficile. La constitution du capital social est loin d'être symbolique et la valeur de ce dernier conditionne en partie l'avenir de la société. Les sociétés doivent toujours financer leurs activités et si elles ne disposent pas de moyens suffisants pour le faire, elles périclitent. En effet, en plus d'être le patrimoine initial, le capital constitue un gage pour les créanciers : ces derniers font crédit au regard des garanties que leur accorde la société[260]. Le capital n'est pas uniquement constitué d'apport en numéraire. La dotation d'un

---

[258] Y. REINHARD, « L'actif net des sociétés », Mélanges Roblot, éd. LGDJ 1984, p. 305.

[259] P. Le CANNU, « Les rides du capital social, Quel avenir pour le capital social ? », éd. Dalloz 2004, coll. Thèmes & commentaires, p. 3. Dans le même sens, D. CARAMALLI et E. CAFRITZ, « Le mythe du capital social – Le bien-fondé d'une réforme », Banque & Droit, n° 94, mars 2004, p. 3.

[260] E. BROCARD, De l'utilité de constituer une SARL ?, Propos hétérodoxes à l'occasion des lois du 1er août 2003 relatives à l'initiative économique et à la rénovation urbaine. L'auteur considère que ce qui a été appelé la SARL à 1 euro qui est plus exactement une SARL au capital librement fixé par les statuts ne rassure pas ses créanciers et spécialement son fournisseur de crédit. La pratique bancaire du cautionnement systématique du gérant de SARL en garantie du crédit accordé à son entreprise s'impose davantage. Ainsi le dirigeant de la SARL, est tenu, non pas dans la limite de ses apports, mais à celle de son engagement de caution, et au minimum à hauteur de l'ouverture de crédit en compte courant accordée à la société. Le crédit de l'entreprise n'est pas garanti par son propre patrimoine, mais par celui de la caution. Le cautionnement déjoue immédiatement la protection initialement souhaitée du patrimoine personnel des associés par la constitution d'une société et de la personnalité morale qui en résulte lors de l'immatriculation.

Dans le même registre, le discours de présentation du gouvernement sur son projet loi, par sa référence au capital social d'un euro, est critiqué par la rapporteur à l'Assemblée nationale, estimant « qu'il visait à déconnecter l'acte de création lui-même de la recherche des fonds nécessaires au financement de l'activité d'entreprise, nul n'étant oublieux à ce point des réalités économiques pour penser que 1 euro pourrait suffire pour mettre en œuvre n'importe quel projet ». v. Vautrin, rapport AN, n° 572, examen des articles, p. 2.

immeuble, par exemple, peut procurer à une société un revenu récurrent ou une garantie à fournir pour obtenir un financement bancaire. La valeur de cet apport est essentielle lors de la création de la société, même si elle n'a pas directement pour objet de l'exploiter. Ainsi, malgré les remises en cause, le capital conserve sa fonction de financement[261]. Une société a donc besoin de capital.

Par le capital social, en lieu et place de faire un prêt avec les conséquences qui en découlent[262], les parties se cotisent pour réaliser le projet. La société est donc un moyen pour réunir des capitaux[263]. Des personnes apportent pour le développement d'une activité[264].

150.- Qui dit investissement dit immanquablement prise de risque. Même s'il y a des mécanismes juridiques pour minimiser les dangers encourus, le risque zéro est une chimère. « L'art d'être tantôt prudent, tantôt audacieux, est l'art de réussir ». Le monde des affaires n'étant pas celui des philanthropes, la prudence doit y accompagner la prise de risque. Ainsi, investir sur fonds propre des sommes importantes expose le patrimoine. La constitution de société apparait alors comme une véritable protection de l'avoir. D'une part, c'est une simple participation[265] et, d'autre part, elle atténue la responsabilité.

---

[261] S. DANA-DEMARET, *Le capital social*, Thèse, éd. Litec 1989. Mme Dana-Demaret fonde le plan de sa thèse en mettant en avant deux fonctions du capital : il constitue un instrument de financement et un instrument de protection. En tant qu'instrument de protection, il détermine les prétentions politiques, financières et patrimoniales des associés.

[262] Par exemple la cherté du prêt avec le taux d'intérêt et les risques que l'activité ne se développe pas. En outre, il n'est même pas évident d'avoir un prêt car pouvoir présenter des garanties n'est pas la chose la mieux partagée.

[263] G. RIPERT et R. ROBLOT, par M. GERMAIN et L. VOGEL, *Traité de droit commercial*, T. 1, 17e éd., L.G.D.J., 1998, p. 792.

[264] Art. 4 AUDSC-GIE.

[265] A noter qu'en droit OHADA, des sociétés unipersonnelles sont acceptées.

A. Les apports, un financement participatif

151.- L'apport est une notion polysémique. Il désigne à la fois :

- l'opération par laquelle l'associé affecte à la société certains biens ou services,
- la représentation de chaque bien ou service, c'est-à-dire les valeurs mises à la disposition de la société (somme d'argent, immeuble, fonds de commerce, brevet...).

Puisque la qualité d'associé est accordée par la fourniture d'un apport, l'absence d'apport, ou un apport fictif[266], non valable, peut entraîner la nullité de la société (ex brevet périmé, bien grevé d'un passif supérieur à sa valeur brute). La mise en commun d'apports est l'une des conditions essentielles du contrat de société[267]. Mais « l'apport d'un associé est valable à quelque titre qu'il en soit propriétaire, qu'il lui provienne d'un achat, d'un prêt, d'une créance ou d'une libéralité »[268]. A noter, toutefois, que concernant les libéralités si elles ont été consentie avec une clause d'inaliénabilité, la chose reçue ne pourra faire l'objet d'apport.

En droit des sociétés, nous avons 3 types d'apports. Cependant, seul les apports en numéraire et en nature sont acceptés dans la SA. Possibles dans la SAS (art 853-5 AUSC), les apports en industrie sont interdit dans la SA (art. 50-1 AUSC). Les apports peuvent être regroupés en apport en capital financier et en apport en capital humain. Dans tous les cas, leurs combinaisons constituent un véritable mécanisme de financement d'activités.

---

266 « La fictivité suppose que l'apport ne procure aucun avantage à la société » ; Paris, 1re déc. 1992, Bull. Joly 1993. 323, note Saintourens ; Dr. sociétés 1993, n° 48, obs. Bonneau. Le caractère fictif de l'apport s'apprécie au moment de la constitution de la société. En d'autres termes, au moment de l'évaluation des apports.

267 Civ. 20 juill. 1908, DP 1909. 1. 93. - Req. 15 déc. 1920, S. 1920. 1. 17, note Bourcart. C'est l'un des trois éléments fondamentaux de la société, aux côtés de l'affectio societatis et du partage des résultats. L'absence d'apports écarte même l'existence d'une société créée de fait ; Com. 25 juill. 1949, 1re esp., JCP 1950. II. 5798.

268 Civ. 5 janv. 1886, DP 1886. 1. 122 ; S. 1886. 1. 241, note J. E. L.

1. Les apports en capital financier

152.- Les apports en capital financier sont des apports portant sur des droits patrimoniaux. Ils constituent le capital social et lui permette de remplir sa fonction de garantie pour les créanciers mais aussi de financement de la société[269]. Ils sont constitués de l'apport en numéraire (a) et l'apport en nature (b).

a) L'apport en numéraire

153.- L'apport en numéraire est l'apport d'une somme d'argent. Une personne transfert à la société la propriété d'une somme d'argent en contrepartie de titres sociaux[270].

Il peut être en espèces, par chèque, par virement ou par compensation avec une créance. Les actions nouvelles peuvent, en effet, être libérées par compensation avec des créances liquides et exigibles sur la société[271]. Il ne faut pas confondre apport en numéraire et compte courant d'associé. Celui-ci peut être représenté par des avances consentis par un associé pour permettre à la société de faire face momentanément à ses besoins de trésorerie. Contrairement à l'apport, ces avances sont en principe remboursables à tout moment. Le titulaire du compte courant est créancier de la société[272]. Le même fondement justifie la distinction entre l'apport en numéraire et le prêt.

Le prêt est le contrat par lequel une des parties, le préteur, remet à une autre, l'emprunteur, une chose dont ce dernier pourra user, à charge de la restituer, en nature ou par équivalent[273]. Il peut alors partager avec

---

[269] A noter que ces fonctions classiques du capital social sont aujourd'hui affaiblies avec le capital variable et la libéralisation de la fixation du capital social dans presque toutes les sociétés (seule la SA résiste encore). SERRA, Les fondements juridiques du capital social à l'épreuve de la loi Dutreil du 1er août 2003. Chronique d'une mort annoncée, Bull. Joly 2004. 915. - COURET et LE NABASQUE [dir.], « Quel avenir pour le capital social », 2004, coll. Thèmes et commentaires, Dalloz. - PARLÉANI, Réflexions sur l'utilité de la notion et son devenir, in Le financement du capital, Troisième journée Christian Gavalda, Rev. sociétés 2005. Étude 13. - Le capital social, Grandeur ou décadence ?, colloque Université Paris II, 1977, compte-rendu Vie jud. 20 févr. 1977, p. 1 et 4

[270] Art. 41 AUDSC-GIE. L'apport en numéraire en jouissance n'est donc pas possible en droit OHADA.

[271] Paris, 12 avr. 1996, Bull. Joly 1996. 663, note A. C.

[272] Com. 15 juill. 1982, Rev. sociétés 1983. 75, note Sortais.

[273] Art. 527 COCC.

l'apport en numéraire la mise à disposition de fonds et leur rémunération[274]. Cependant, dans le prêt, le prêteur à droit au remboursement de la somme transférée et la rémunération prend la forme d'un intérêt au moment où la contrepartie de l'apport en numéraire se trouve être des titres sociaux. La personne qui prête n'est pas animée d'une *affectio societatis.*

L'apport en numéraire ne saurait aussi être confondu avec le prêt participatif qui est un contrat par lequel un organisme habilité apporte son concours financier

154.- Dans les sociétés anonymes, les apports en numéraire sont libérées, lors de la souscription du capital[275], d'un quart au moins de leur valeur nominal. La libération du surplus intervient dans un délai qui ne peut excéder trois (3) ans à compter de l'immatriculation au RCCM. Les modalités sont définies par les statuts ou par une décision du conseil d'administration ou de l'administrateur général. Tant que l'action ne sera pas intégralement libérée, elle sera sous la forme nominative. En outre, la société devra attendre la libération intégrale du capital pour toute augmentation de capital sauf si cette augmentation de capital est réalisée par des apports en nature, ni émettre des obligations.

Sur le fondement de l'art 853-3 AUSC, le même régime devra être appliqué à la SAS. En effet, le silence gardé par le législateur sur les modalités de libération des apports en numéraire dans la SAS ouvre la voie à l'application de l'article 389 AUSC-GIE du fait de l'absence d'incompatibilité.

Concernant la SARL, les parts sociales représentant des apports en numéraire sont libérées lors de la souscription su capital de la moitié au moins de leur valeur nominale. La libération du surplus intervient en une ou plusieurs fois dans le délai de deux (02) ans à compter de l'immatriculation de la société au RCCM, selon les modalités définies par les statuts.

L'apporteur qui ne verse pas les fonds à l'échéance (qui ne tient pas sa promesse) devient de plein droit débiteur, sans mise en demeure

---

274 Avec l'hypothèse du prêt avec intérêt ; art. 540 COCC.

275 SA : Le capital de la société anonyme doit être entièrement souscrit avant la date de la signature des statuts. En d'autres termes, toutes les actions doivent avoir trouvé preneur préalablement à la signature des statuts de la société.
Alors qu'on peut appréhender la souscription comme la promesse de réaliser l'apport, la libération est l'exécution de cette promesse par le versement effectif des fonds.

préalable, des intérêts de la somme due au taux légal ou statutaire, même après la dissolution et jusqu'au jour de la liquidation. Il peut même être condamné à des dommages et intérêts si la société subit un préjudice par suite du défaut de libération des apports, même en l'absence de mauvaise foi.

b) Les apports en nature

155.- Les apports en nature sont constitués de biens autres que de l'argent. Ces biens peuvent être corporels ou incorporels, mobiliers ou immobilier. Contrairement aux apports en numéraire, les apports en nature sont intégralement libérés au moment de la constitution de la société.

156.- Les apports en nature doivent faire l'objet d'une évaluation faites par les associés sous le contrôle du commissaire aux apports et indiquée dans les statuts. Si, pour la SARL, l'évaluation des apports en nature n'est contrôlée par un commissaire aux apports que dès lors que la valeur de l'apport en nature considéré, ou que la valeur de l'ensemble des apports en nature considérés, est supérieure à cinq millions (5.000.000) de francs CFA, dans la SA tel ne semble être le cas. A lire l'article 400 AUSC, tous les apports en nature sont concernés. En effet, au terme de cet article, les statuts de la SA doivent nécessairement contenir l'évaluation de chaque apport en nature et la description des avantages particuliers stipulés ainsi que, le cas échéant, leur évaluation. En outre, la valeur des apports en nature et/ou les avantages particuliers doivent être contrôlés par un commissaire aux apports.

Du fait de l'absence d'exclusion[276] mais aussi d'incompatibilité, cet article s'applique aussi à la SAS.

Le commissaire aux apports est choisi sur la liste des commissaires aux comptes.

L'apport en nature peut être réalisé de différentes manières avec des intérêts manifestes.

157.- Les modes de réalisation de l'apport en nature. L'apport en nature peut être réalisé de trois manières : en propriété, en jouissance ou en usufruit. En ce qui concerne l'apport en propriété, il se réalise par le transfert à la société de la propriété du bien et par sa mise effective à

---

[276] cf. art. 853-3 AUSC-GIE.

la disposition de la société. L'apporteur sera assimiler un vendeur (garantir contre l'éviction et contre les vices cachés).

L'apporteur en jouissance met son bien, comme un bailleur, à la disposition de la société qui peut l'utiliser librement mais non en disposer c'est-à-dire le céder ou le donner en garantie[277]. En cela que c'est un apport en prestation successive, si le bien apporté disparaît, l'apporteur supporte les risques et quitte alors la société. Garant envers la société comme un bailleur envers son preneur, il reste propriétaire et doit continuer à supporter les risques. La société à donc sur le bien un droit personnel. Contrairement aux propos de certains auteurs, la société n'a pas un droit en cela que le bail avec lequel l'assimilation est faite n'accorde pas ce droit au locataire.

Lorsque l'apport en jouissance porte sur des choses de genre, il est fait application des règles applicables en matière de prêt de consommation. Le contrat transfert à la société la propriété des biens apportés, à charge pour celle-ci d'en rendre une pareille quantité, qualité et valeur. Dans une telle situation, l'apporteur est garant envers la société dans les mêmes conditions que l'apporteur en propriété.

L'apport en jouissance d'un fonds de commerce se distingue de la location-gérance de ce fonds puisqu'il n'oblige pas la société bénéficiaire à exploiter le fonds.

L'apport en jouissance ne met pas à la charge de la société une obligation d'exploiter le bien. Malgré l'assimilation au bail, elle peut transférer la jouissance à un tiers. La haute juridiction française, sur la base d'un texte au contenu similaire à l'article 47 AUDSC-GIE, considère que cette analogie ne suffisait pas à transformer l'apport en jouissance en bail[278]. L'obligation d'exploitation du bien par la société doit alors résulter d'une stipulation expresse.

158.- Concernant l'apport en usufruit, c'est un droit réel qui est transféré. L'usufruit est le droit de jouir des choses dont un autre a la propriété, comme le propriétaire lui-même, mais à charge d'en conserver la substance. L'apporteur, nu-propriétaire, conserve l'abusif et transfert à la société l'usus et le fructus. L'usufruit est un droit viager qui peut toutefois être accordé avec un terme. L'usufruit viager prend fin au décès de l'usufruitier. Dans le cas d'un apport en société, le droit

277 Art. 47 AUDSC-GIE.

278 Com. 3 déc. 1991, no 88-16.695, Bull. civ. IV, n o 373.

OHADA ne connaissant pas l'article 619 du Code civil[279], ce sera à la dissolution de la société. Les sociétés étant la plus part du temps constituée pour une durée de 99 années, elles se trouvent protégées. Ainsi, c'est l'usufruit temporaire qui accorde plus de protection à l'apporteur du fait de sa limitation contractuelle dans le temps.

159.- L'intérêt de l'apport en jouissance et de l'apport en usufruit. Une personne peut vouloir intégrer une société sans se départir de son droit de propriété. Cela est d'autant plus avéré en matière immobilière compte tenu l'importance du foncier. Dans un tel cas, les apports en jouissance et en usufruit constituent une véritable alternative. Ils apportent une solution aux inquiétudes de l'apporteur mais aussi aux besoins de la société.

Pour l'apporteur, l'usufruit lui permet de « vendre sans renoncer définitivement à la propriété ». En contrepartie de l'usufruit, il a des titres sociaux et, à l'échéance, il retrouve l'intégralité de son droit de propriété. En effet, l'usufruit est un droit viager. Cependant, il peut aussi être à terme. Les parties fixent sa durée.

De son côté, la société qui bénéficie d'un droit réel pourra utiliser le bien mais aussi profiter de ses fruits.

Pour l'apport en jouissance, même s'il accorde un droit personnel, elle épargne la société du payement de loyers et des grosses réparations qui serait à sa charge si elle était propriétaire.

L'apport en jouissance et l'apport en usufruit installent ainsi une relation « win-win » entre apporteur et sociétaire bénéficiaire. Contrairement à l'apporteur en pleine propriété qui n'est pas rassuré par rapport à la reprise du bien du fait du privilège accordé aux créanciers sociaux lors de la dissolution de la société, les apporteurs en usufruit et en jouissance se trouvent protégés.

[279] « L'usufruit qui n'est pas accordé à des particuliers ne dure que trente ans ».

2. Les apports en capital humain

160.- Le capital humain est le stock des capacités humaines économiquement productives[280]. Il est composé des connaissances, qualifications, compétences et autres qualités possédées par un individu et intéressant l'activité économique[281]. Le capital humain est donc un bien immatériel au service de l'économie. Il consacre la commercialité de l'activité humaine aujourd'hui érigée en liberté[282] et « permet à ceux qui n'ont rien d'autre qu'eux-mêmes de n'être pas sans rien »[283].

La force de travail a depuis longtemps été acceptée dans le commerce[284] mais la nouveauté, pour le droit OHADA, réside aujourd'hui dans la prise en compte de l'activité intellectuelle, de l'Homme en tant qu'intelligence[285]. Le bien étant défini au sens économique seulement en considération de sa valeur[286], la nature personnelle des éléments ou attributs de l'homme n'est plus un obstacle à leur qualification[287]. Le recul de l'extrapatrimonial ne saurait occulter l'apport considérable du capital humain dans le développement des entreprises. En effet, le droit économique contemporain considère le capital humain comme « une ressource à la fois plus stratégique et plus

---

280 Encyclopédie économique, éd. Economica 1984, V° Capital humain.

281 OCDE, L'investissement dans le capital humain: une comparaison internationale, 1998, p. 9. En effet, L'OCDE propose depuis quelques années une série de rapports portant sur la notion de capital humain, qui permettent de mesurer la fertilité du concept mais aussi son caractère pluridimensionnel.

282 Th. REVET, *La liberté du travail, Droits et libertés fondamentaux*, Dalloz, 4e éd., 1997, n° 800 et s.

283 Th. REVET, « L'argent et la personne », Arch. phil. droit, 1997, p. 47.

284 Th. REVET, *La force de travail*, (préface F. Zenati), Litec, 1992.

285 L'acception de l'intelligence dans le commerce juridique est, en Europe, une des mutations de la société industrielle. Toutefois, l'OHADA était restée dans la situation avant révolution où« l'intelligence de l'homme n'est point dans le commerce » (v., Guillouard, Traité du contrat de louage, T. II, 1895, p. 219).L'activité libérale restait ainsi, tout à la fois celle qui est donnée et celle qui émane d'un homme qui est libre car il n'échange pas son service contre un prix. v. également G. RIPERT, Les forces créatrices du droit, LGDJ, 1955, n° 109, p. 275« le travail, c'est l'homme même, dans son corps et dans son esprit, et il n'y a pas là l'objet possible d'un contrat ».

286 D. GUTMANN, « Du matériel à l'immatériel dans le droit des biens. Les ressources du langage juridique », Arch. phil. droit 1999, p. 68, « toute chose utile et rare, donc douée de valeur, serait donc un bien ».

287 Th. REVET, « L'argent et la personne », op. cit., p. 48.

difficile à attirer que le capital financier »[288]. Il est devenu la principale source de compétitivité des entreprises dont la valeur ne s'analyse plus en considération essentielle de leur patrimoine ou de l'accumulation de leurs richesses mais repose surtout sur leurs perspectives futures[289].

Même si le capital humain partage cette qualification avec le capital intellectuel, les deux ne sont cependant pas à confondre.

Le capital intellectuel est un capital social constitué par l'apport en nature de biens soumis au régime de la propriété intellectuelle[290]. Il partage avec le capital humain sa source « espirituelle », mais s'en démarque par le régime juridique spécifique des biens qui le composent.

En droit des sociétés, le capital humain se matérialise principalement dans l'apport en industrie et dans l'attribution gratuite d'actions[291].

a) La consistance de l'apport en industrie

161.- Les connaissances. L'apport en industrie consiste pour un associé à mettre à la disposition de la société ses connaissances techniques ou professionnelles ou des services. L'industrie ne se résume plus à la seule main d'œuvre[292]. Elle renvoie à l'Homme en tant que savoir. En effet, par ses connaissances techniques ou professionnelles, l'Homme met à la disposition de la société son travail, c'est-à-dire ses compétences physiques et intellectuelles[293]. Par ce travail, l'apporteur en industrie fera ainsi profiter la société d'une activité future, d'un savoir-faire. Il faut, néanmoins, distinguer le

---

[288] S. SCHILLER et autres, « L'apport en industrie », Revue bimestrielle lexisnexis jurisclasseur mars/avril 2010, p. 7.

[289] S. SCHILLER, « L'influence de la nouvelle économie sur le droit des sociétés », Revue société 2001, p. 47 et s.

[290] N. BINCTIN, *Le capital intellectuel*, Thèse Université Panthéon-Assas (Paris II), 2005, p. 16.

[291] v. art. 626-1 et s. AUDSC-GIE. La société peut faire une attribution gratuite d'actions au profit des membres du personnel salarié ou de certaines catégories d'entre eux mais aussi attribuer des actions à ses dirigeants.

[292] Art. 40 ancien Acte uniforme.

[293] Selon la Confédération des Travailleurs intellectuels, le travail intellectuel peut être défini comme celui « dans lequel l'effort de l'esprit, avec ce qu'il comporte d'initiative et de personnalité, prédomine habituellement sur l'effort physique » ; v. CTI, Feuille d'information juillet 1929, n° 4, cité par Mohamed Bachir NIANG, « Travail intellectuel et salariat au Sénégal », in De l'esprit du droit africain, Mélanges en l'honneur de Paul Gérard POUGOUE, Wolters Kluwer-CREDIJ, 2014, p. 593.

savoir-faire qui nécessite la présence de l'apporteur pour être mis en œuvre et celui qui ne le nécessite pas. Dans la première situation, il ne peut être apporté que dans le cadre d'un apport en industrie. S'il peut, par contre, être dissocié de son créateur et être utilisé indépendamment de lui, il peut constituer soit un apport en nature, soit un apport en industrie, au choix de son titulaire.

162.- Les services. Outre les connaissances, l'apport en industrie peut être un service. La jurisprudence n'ayant pas encore l'opportunité de se prononcer sur la question, celle française a pu admettre, au titre de services rendus à la société, l'influence à la condition qu'elle ait une consistance réelle et soit licite[294]. L'influence doit avoir une réalité et ne pas pouvoir être caractérisée en trafic d'influence[295]. L'apporteur peut ainsi faire bénéficier la société soit de sa réputation commerciale permettant d'attirer la clientèle, soit faire apport de ses relations d'affaires, de son nom (dans la mesure où cela assure à la société une crédibilité commerciale, une marque de sérieux, etc.).

b) Le domaine de l'apport en industrie

163.- L'apport en industrie n'est pas possible dans toutes les sociétés. En effet, il est formellement interdit dans les sociétés anonymes[296]. Seuls les apports ayant une valeur patrimoniale sont retenus dans cette forme de société. L'exclusion de l'apport en capital humain dans la SA semble trouver son fondement dans le fait que « le travail promis par un associé ne saurait constituer une garantie pour les

---

[294] Cass. 1re civ., 16 juill. 1997, n° 95-11.837, Bull. Joly 1997, p. 992. Dans cette affaire, il s'agissait d'un chirurgien, professeur de médecine, qui exerçait son activité libérale dans plusieurs cliniques et avait conclu avec un autre chirurgien une convention aux termes de laquelle, moyennant un pourcentage sur le résultat de l'activité, il s'engageait à user de son influence pour que le second puisse exercer dans lesdites cliniques. Alors que la cour d'appel qualifie la situation de société créée de fait avec des apports en industrie, l'un du travail, l'autre de l'influence, la Cour casse l'arrêt au motif que les juges du fond n'ont pas recherché« en quoi consistait l'influence reconnue... et si celle-ci, qui ne pouvait elle-même s'analyser que comme un apport en industrie, était licite... ».La Cour reconnaît qu'une simple influence peut constituer un apport en industrie mais elle indique qu'elle doit avoir une certaine consistance et être licite.

[295] J.-Cl. HALLOUIN, « Une simple influence peut-elle constituer un apport en industrie ? », Recueil Dalloz 1998, p. 391.

[296] Art. 50-1 al. 2 AUSC-GIE.

créanciers »[297]. Le capital de la SA reste la rançon de la limitation de la responsabilité des associés à l'égard des tiers pour les engagements de la société. Mais aujourd'hui, avec le nouvel Acte uniforme qui reconduit le principe de la fixation libre du montant du capital social et consacre une option pour les Etats en matière de fixation du montant minimum du capital social de la SARL, le capital social joue-t-il encore le même rôle ?

L'apport en industrie consistant en l'engagement de travailler pour la société, pour certains auteurs, ledit travail ne peut être que celui de direction car, dans le cas contraire, « le prétendu associé ne serait qu'un employé participant aux bénéfices »[298]. L'apporteur en industrie ne devrait donc pouvoir être un « associé commanditaire » ou « associé en commandite »[299] car, dans les sociétés en commandite simple, la gestion est assurée par tous les associés commandités, ou un ou plusieurs gérants désignés parmi eux par les statuts[300]. Cette exigence nous semble toutefois critiquable. Elle distingue là où la loi ne le fait pas mais réduit aussi le contenu des notions de « connaissances techniques ou professionnelles ou des services ». Sans pour autant être un salarié de la société[301], encore moins un membre de la direction de celle-ci, on peut apporter en industrie. C'est le cas, par exemple, de l'ingénieur en informatique dont l'apport à la société a consisté à l'installation du réseau informatique. Un salarié doit aussi pouvoir cumuler son statut avec celui d'associé en travaillant des jours de la semaine en vertu de son contrat de travail et les jours restant comme apport à la société.

---

[297] G. RIPERT et R. ROBLOT, par Michel GERMAIN, Louis VOGEL, *Traité de droit commercial*, op. cit., p. 1080.

[298] G. RIPERT et R. ROBLOT, par Michel GERMAIN, Louis VOGEL, *Traité de droit commercial*, op. cit., p. 817, n° 1043.

[299] G. RIPERT et R. ROBLOT, par Michel GERMAIN, Louis VOGEL, *Traité de droit commercial*, op. cit., p. 945. En droit français, l'article L. 222-1 du Code du commerce dispose expressément que l'apport des associés commanditaires ne peut être en industrie.

[300] Art. 298 AUSC-GIE. Ainsi, le commanditaire ne peut diriger la société ni faire des actes de gestion externe, même en vertu d'une procuration Art. 299 AUSC-GIE. v. également Nd. DIOUF, « Société en commandite simple », In Encyclopédie du droit OHADA, précité, pp. 1968 à 1983.

[301] Alors que la subordination juridique est le critère d'identification du salariat, le travail, sous le prisme de l'apport en industrie se fait dans l'indépendance juridique. L'apporteur n'est pas juridiquement subordonné. En outre, si le contrat de travail est rémunéré par un salaire ou des honoraires, l'apporteur en industrie est un associé et, à ce titre, reçoit des titres émis par la société.

c) Les droits attachés

164.- Les apports en industrie sont des apports particuliers. Ils ne suffisent pas pour constituer une société car ne concourent pas à la formation du capital social[302]. Toutefois ils donnent lieu à l'attribution de titres sociaux ouvrant droit au vote et au partage des bénéfices et de l'actif net, à charge de contribuer aux pertes. Les statuts décrivent l'apport en industrie et déterminent les modalités de sa libération y compris la durée des prestations qui sont fournies par l'apporteur, le nombre de titres sociaux attribués en rémunération de ces prestations et les droits attaches aces titres dans le partage des bénéfices et de l'actif net. Mais, les droits de vote attaches aux titres sociaux résultant d'apports en industrie ne peuvent être supérieurs à vingt-cinq pour cent (25%) de l'ensemble des droits de vote.

En outre, la part totale attachée à ces titres sociaux ne peut excéder vingt-cinq pour cent (25%) des bénéfices, de l'actif net et des pertes de la société.

L'obligation de l'apporteur en industrie n'est cependant pas dictée par l'objet social mais par le contenu de son apport. En effet, il ne doit compte que des gains qu'il a réalisé par l'activité faisant l'objet de son apport. En outre, que l'apport consiste en une prestation unique[303] ou en des activités successives, en tout état de cause, l'apporteur reste débiteur de la société ; il lui doit la contribution promise.

Les droits de l'apporteur en industrie dans l'actif net de la société doivent justifier qu'il soit bénéficiaire de parts en cas de distribution à la suite d'une capitalisation des réserves[304]. En effet, puisque les réserves devaient être réparties sous forme de dividende, leur incorporation justifie que l'apporteur en industrie bénéficie des parts qui ont été achetées. La même logique semble avoir justifié le droit à l'attribution de parts qui peut résulter pour les associés de

[302] Même s'il accorde une liberté aux associés pour la détermination du montant minimum du capital social, sous réserve des cas de la SARL et de la SA, le législateur exige un capital social qui est indiqué dans les statuts ; v. Art. 61 AUSC-GIE.

[303] S. SCHILLER et autres, « L'apport en industrie », préc., p. 9. « L'apport peut présenter un caractère ponctuel notamment s'il s'agit d'une prestation de service unique comme la mise en œuvre de savoir-faire pour exécuter un brevet ou une autre invention ».

[304] Aux termes de l'article 360 AUSC-GIE, l'augmentation de capital dans la SARL peut se faire par incorporation de bénéfices, de réserves ou de primes d'apports, d'émission ou de fusion.

l'augmentation de capital par incorporation de réserves. Toutefois, l'apporteur ne peut reprendre son apport à l'occasion de la liquidation de la société. En effet, il n'y a lieu ni à la reprise, ni au remboursement des apports en industrie lors de la liquidation d'une société[305]. Puisqu'il ne concourt pas à la formation du capital, l'apport en industrie ne donne pas droit à restitution au profit de l'apporteur. Son caractère intuitu personae même ne s'y concilie pas.

Le droit de l'apporteur par rapport à l'actif n'existe que lorsqu'il accomplit son apport. L'apport en industrie est réalisé par la mise à disposition effective de la société des connaissances techniques ou professionnelles ou de services. Ainsi, l'apporteur qui se retire de la société[306] ou n'exerce plus l'activité constituant son apport ne doit avoir droit qu'aux réserves existantes au moment des faits. Le droit aux titres émis par la société étant la contrepartie de l'apport[307], on ne peut y avoir droit qu'autant on a exécuté notre obligation[308]. Les associés gagneraient, toutefois, à organiser les conséquences de la cessation par l'apporteur de l'activité faisant l'objet de son apport.

165.- Contrairement aux apports en capital financier, les titres sociaux résultant d'apports en industrie ne sont ni cessibles ni transmissibles. Les titres d'apport en industrie sont indisponibles[309]. Une telle situation résulte du caractère intuitu personae d'un tel apport. Le régime de l'apport en industrie est alors en parfaite harmonie avec celui des sociétés de personnes qui en constitue le domaine de prédilection[310]. La considération de la personnalité des titulaires de

---

305 D. PORACCHIA, Note sous Cour de cassation (1re civ.) 19 avril 2005, Mme Patricia Porterat c/ Mme Bernadette Pignon, Dalloz, Revue des sociétés 2006, p. 111.

306 Sur le retrait de l'associé, v. E. M. KAMTA FENDOP, « Associés », In Encyclopédie du droit OHADA, précité, p. 362, n° 30.

307 Art. 38 AUSC-GIE.

308 « L'obligation lie un débiteur à son créancier en donnant à celui-ci le droit d'exiger une prestation ou une abstention » (art. 1er COCC). « L'obligation a pour objet de donner, de faire ou de ne pas faire quelque chose » (art. 3 COCC).

309 Art. 50-4 AUSC-GIE.

310 En France, jusqu'à la loi n° 2001-420 du 15 mai 2001, les apports en industrie n'étaient possibles dans la SARL que pour favoriser l'exploitation d'un commerce ou d'une activité artisanale par deux conjoints. En droit OHADA, c'est avec l'Acte uniforme de 2014 que les apports en industrie sont expressément acceptés dans la SARL. Le seul article 40 qui faisait référence à cet apport dans l'ancien Acte uniforme était interprété comme le limitant aux sociétés de personnes. Pour une partie de la doctrine, « dans la mesure où un tel apport ne peut être le gage des

parts sociales est l'essence même de ces sociétés. Ainsi, l'apporteur en industrie ne peut que se retirer de la société. Ce retrait peut être volontaire mais aussi involontaire lorsqu'il n'honore plus son apport. Dans tous les cas, ses parts qui n'ont pas par ailleurs une valeur nominale devront être annulées et sa vocation au partage des bénéfices et de l'actif net respectée.

Le retrait involontaire peut être préjudiciable par exemple lorsqu'il est la conséquence du décès de l'apporteur. En effet, dans une telle situation, ses héritiers n'ont droit qu'à ses parts dans l'actif net. Or, il se pourrait que leur auteur soit même à la base de la société ou, par son apport, un acteur principal dans l'essor de celle-ci. Le caractère intuitu personae de l'apport se conciliant peu avec la clause de continuation[311] connue dans les sociétés de personnes, il devient alors impossible pour les héritiers de succéder à l'apporteur dans la société[312]. Leur intégration ne saurait se faire qu'à titre personnel. Admettre le contraire équivaudrait à accepter qu'une personne soit partie à un contrat de travail uniquement sur le fondement de sa qualité d'héritier d'un ancien employé.

Par ailleurs, la nature personnelle de l'apport en industrie le lie avec les événements dans la vie de l'associé. Il supporte les aléas. Une maladie, un accident et même un voyage peuvent avoir un impact sur l'apport lorsque son exécution est successive. L'apport en industrie, à l'aune du temps, n'est donc pas un investissement sûr car peu protégé. Puisque ce sont les statuts qui déterminent les modalités de liquidation des titres de l'apport en industrie en cas de cessation par l'apporteur de l'activité faisant l'objet de son apport, ce dernier devrait en profiter pour se protéger et permettre à ses héritiers de profiter des avantages de l'exploitation. Ainsi, une capitalisation de ses parts dans le partage de

---

créanciers, et ne peut être libéré immédiatement, on peut soutenir que l'apport en industrie n'est pas possible dans le cadre des sociétés de capitaux (SA et SARL) », v., P. -G. POUGOUE, J. NGUEBOU-TOUKAM et F. ANOUKAHA, note sous article 40 de l'Acte uniforme du 17 avril 1997 relatif au droit des sociétés commerciales et du groupement d'intérêt économique, OHADA, Traité et actes uniformes commentés et annotés, Juriscope 2012, 4e éd, p. 400.

311 Certains événements qui jalonnent la vie des associés dans la société de personnes ont des effets sur la vie de la société. Celle-ci étant dissoute au décès d'un associé, la pratique a mis en place la clause de continuation qui permet la survie de la société entre associés ou avec les héritiers. v., G. RIPERT et R. ROBLOT, par Michel GERMAIN, Louis VOGEL, *Traité de droit commercial*, op. cit., p. 935 et s.

312 La clause ne peut être utilisée que pour les apports capitalisés.

l'actif net ou des bénéfices pourrait être une efficace soupape de sécurité de son investissement.

B. L'apport en société, un mécanisme de protection

166.- Apporter en société peut protéger le patrimoine de l'investisseur. Cela permet de ne pas exposer tout son patrimoine. Au sens juridique, le patrimoine est l'ensemble des biens et obligations d'une personne envisagés comme conférant une universalité de droit. Il est marqué par le principe de l'unicité. En d'autres termes, l'actif répond du passif. Le débiteur qui n'exécute pas une obligation risque d'engager tout son patrimoine. Or, par l'apport en société, il profite de l'écran sociétaire et verra sa responsabilité retardée (1) mais aussi limitée (2).

1. Une responsabilité retardée

167.- Par l'apport, on acquiert la qualité d'associé ou d'actionnaire de la société. Le principe en droit des sociétés c'est l'existence de la personnalité juridique pour l'entité constituée[313].

La personnalité juridique est l'aptitude à être sujet de droit. La société l'acquiert par son immatriculation au RCCM[314]. La société dotée de la personnalité morale est donc propriétaire des biens qui lui sont apportés ou qu'elle a acquis après. Les associés n'ont qu'un bien meuble par détermination de la loi[315] et sont des créanciers de la société[316]. On assiste à une autonomie de patrimoine de la société avec

---

313 Art. 97 AUDSC-GIE.

314 Art. 98 AUDSC-GIE.

315 Art. 52 AUDSC-GIE « Les titres sociaux sont des biens meubles ». Les titres sociaux sont la contrepartie des apports faits par les associés. Ils représentent les droits des associés et sont dénommés actions dans les sociétés par actions et parts sociales dans les autres sociétés.

316 Les titres sociaux confèrent a leur titulaire :

1) un droit sur les bénéfices réalisés lorsque la distribution a été décidée,
2) un droit sur les actifs nets de la société lors de leur répartition, à sa dissolution ou à l'occasion d'une réduction de son capital;
3) le cas échéant, l'obligation de contribuer aux pertes sociales dans les conditions prévues pour chaque forme de société;
4) le droit de participer aux votes des décisions collectives des associés, à moins que l 'Acte uniforme en dispose autrement pour certaines catégories de titres sociaux.

certaines conséquences. Par exemple, les créanciers des associés ne le sont pas pour la société. De même, les héritiers d'un associé ne peuvent prétendre qu'à ses titres.

On parle de société sans personnalité juridique lorsque l'absence d'immatriculation est une donnée permanente, constante. Une seule société n'a pas la personnalité juridique ; la société en participation.

La société en participation est la société dans laquelle les associés conviennent qu'elle ne sera pas immatriculée au RCCM et qu'elle n'aura pas la personnalité morale. Elle n'est pas soumise à la publicité. Les associés conviennent librement de l'objet, de la durée, des conditions de fonctionnement, des droits des associés, de la fin de la société en participation. Les rapports entre participants, à moins qu'une organisation différente n'ait été prévue, sont régis par les dispositions applicables aux sociétés en nom collectif. L'existence de la société se prouve par tous moyens.

La non-immatriculation de cette forme sociale entraîne plusieurs conséquences. Celle-ci n'aura pas de siège social, ne pourra souscrire d'engagement personnel, ne pourra agir en justice, n'aura pas de patrimoine social[317] etc. Puisqu'elle échappe au rituelle de la publicité, elle est donc discrète. Les associés conviennent librement de son objet et de son fonctionnement; d'où sa souplesse. Ces avantages ont cependant une contrepartie négative car l'inexistence juridique est une faiblesse surtout pour l'exploitation d'entreprise importante dans la durée. En outre, on ne pourra pas appliquer les procédures de règlement judiciaire et de liquidation des biens, celles-ci ne pouvant qu'affecter les associés considérés individuellement. Tout au plus, elles pourront atteindre plusieurs d'entre eux, voir tous, si chacun remplit les conditions pour leur application.

A l'exception de la société en participation, toute société doit être immatriculée au RCCM.

168.- Avec l'existence de la personnalité juridique, c'est la société qui est acteur et non les associés. Elle prend les qualités de créancière ou de débitrice dans ses rapports avec les autres en exposant son propre patrimoine. Ainsi, c'est elle qui devient acteur dans le commerce. Delà, en cas de poursuite, elle engage sa responsabilité. Mais la personnalité

---

[317] La société sans personnalité juridique ne peut pas avoir de patrimoine propre. Il y a un lien ombilical entre ces deux notions.

morale ne semble pas être la même pour toutes les sociétés[318]. Malgré l'existence d'un dénominateur commun, des disparités peuvent être notées.

169.- Dans les sociétés de personne[319], la personnalité morale de la société n'est pas complétement détachée de la personnalité de chaque associé[320]. Les créanciers de la société peuvent poursuivre le paiement des dettes sociales contre un associé soixante (60) jours au moins après avoir vainement mis en demeure la société. La mise en demeure est faite par acte d'huissier ou notifiée par tout moyen permettant d'établir sa réception effective par le destinataire[321]. Ce délai peut être prorogé par décision de la juridiction compétente statuant à bref délai sans que la prorogation puisse excéder trente (30) jours. Par ailleurs, la personnalité de la société ne masque pas totalement celle des associés en cas de cessation de paiement. La cessation des paiements est l'état où le débiteur se trouve dans l'impossibilité de faire face à son passif exigible avec son actif disponible, à l'exclusion des situations où les réserves de crédit ou les délais de paiement dont le débiteur bénéficie de la part de ses créanciers lui permettent de faire face à son passif exigible[322].

L'ouverture d'une procédure de redressement judiciaire ou de liquidation des biens peut être demandée contre un associé d'une personne morale de droit privé indéfiniment et solidairement responsable du passif de celle-ci dans le délai d'un (01) an à compter de la mention de son retrait au Registre du commerce et du crédit mobilier

---

318 G. RIPERT et R. ROBLOT, par M. GERMAIN et L. VOGEL, *Traité de droit commercial*, op. cit., p. 885.

319 Les sociétés de personne sont des sociétés dominées par l'intuitu personae et par l'aspect contractuel. Elles sont généralement composées d'associés qui se connaissent et se font confiance. Le droit OHADA connait deux (02) sociétés spécifiquement de personne. Il s'agit de la société en nom collectif et de la société en commandite simple.

Dans la société en nom collectif, tous les associés sont commerçants et sont tenus solidairement et indéfiniment des dettes sociales. Par contre, la société en commandite simple est celle dans laquelle coexistent un ou plusieurs associés indéfiniment et solidairement responsables des dettes sociales, dénommés « associés commandités », avec un ou plusieurs associés responsables des dettes sociales dans la limite de leurs apports, dénommés « associés commanditaires » ou « associés en commandite », et dont le capital est divisé en parts sociales.

320 G. RIPERT et R. ROBLOT, par M. GERMAIN et L. VOGEL, *Traité de droit commercial*, op. cit., p. 885.

321 Art. 271 AUDSC-GIE et 293-1 AUDSC-GIE.

322 Art. 25 AUPCAP.

lorsque la cessation des paiements de la personne morale est antérieure à cette mention ou qu'elle résulte en tout ou partie de l'activité antérieurement exercée[323].

170.- Même si elle connait des nuances dans les sociétés de personne, la personnalité juridique offre aux associés un manteau de protection. C'est, en principe, un écran qui les protège des créanciers sociaux. Dans tous les cas, leur responsabilité ne peut être engagée qu'après celle de la société. Dans les sociétés de capitaux, cela intervient après la liquidation.

La liquidation de la société renvoie aux opérations consistant, après règlement du passif sur les éléments de l'actif, à convertir ces éléments en argent, de manière que le partage puisse être effectué[324]. En cas d'insuffisance de l'actif, elle consistera également à déterminer la part supportée par chaque associé dans le passif.

La liquidation intervient sur le fondement de l'AUDSC-GIE ou sur celui de l'AUPCAP[325].

Aux termes des dispositions de l'AUDSC-GIE, la suite normale de la dissolution[326] d'une société est sa liquidation[327]. Il sera question de réunir l'actif de la société, payer ses dettes afin de dégager son actif net qui pourra être réparti entre les associés.

Du fait de l'existence de la personnalité juridique pour la société, les associés n'engagent pas ainsi directement leur responsabilité. Par ailleurs, même dans l'hypothèse où la responsabilité arrive à leur niveau, celle-ci peut être limitée.

---

323 Art. 31 al. 2 AUPCAP.

324 G. RIPERT et R. ROBLOT, par M. GERMAIN et L. VOGEL, *Traité de droit commercial*, op. cit. p. 871.

325 La liquidation des biens est une procédure collective destinée à la réalisation de l'actif de l'entreprise débitrice en cessation des paiements dont la situation est irrémédiablement compromise pour apurer son passif, cf. art. 2 in fine AUPCAP.

326 En droit des sociétés, la dissolution résulte de la volonté des associés ou de la disparition de l'un des éléments indispensable à sa vie.

327 La société est en liquidation dès l'instant de sa dissolution pour quelque cause que ce soit, cf. art. 204 al. 1 AUDSC-GIE. A noter toutefois que lorsque c'est une société unipersonnelle avec comme associé unique une personne morale, la dissolution emporte transmission universelle du patrimoine.

2. Une responsabilité limitée

171.- L'étendue de la responsabilité des associés dépend de la nature de la société. Selon que nous sommes ou non dans une société de capitaux, le degré de responsabilité dans la participation aux dettes sociales varie.

Sauf pour les associés d'une société en nom collectif et les «associés commandités » d'une société en commandite simple, la responsabilité d'un apporteur se limite à son apport. En effet, au même titre que les associés d'une SNC, les associés commandités répondent indéfiniment et solidairement des dettes sociales. Par contre, pour tous les autres associés des sociétés, la responsabilité est limitée aux apports.

Dans la SA, la SAS et la SARL la responsabilité est limitée aux apports. La même règle s'applique aux « associés commanditaires » ou « associés en commandite » des SCS.

La responsabilité limitée n'est ni indéfinie, ni solidaire.

172.- La responsabilité indéfinie est une mesure de protection des créanciers de la société. Elle leur permet de poursuivre un associé pour le tout. Même s'il n'a apporté qu'une partie du capital, l'associé sera tenu de régler toute la dette. Il ne pourra opposer au créancier une division de la dette au prorata de son apport.

Le choix pour le créancier sera dicté par la présomption de solvabilité. L'associé considéré comme le plus solvable sera le plus exposé. Toutefois, si un associé vient à payer plus que sa participation, il bénéficiera d'un droit de recours contre les autres associés. La solidarité entre associé lui accorde le bénéfice de la subrogation légale.

Avec la solidarité, les associés sont obligés au paiement de la dette sociale de façon à ce que chacun puisse être contraint pour la totalité, et que le paiement fait par un seul libère les autres envers le créancier.

173.- La responsabilité limitée est donc une véritable mesure de protection des associés. Elle est une parfaite matérialisation de la prudence exigée par le monde des affaires. Elle contribue aussi à justifier le choix récurrent de certaines sociétés. Mieux, c'est un critère d'exclusion de certaines personnes de l'actionnariat social.

Les mineurs, les majeurs incapables de même que des époux ne peuvent être associés d'une société dans laquelle ils seraient tenus des dettes sociales indéfiniment ou solidairement[328]. Si c'est la mesure de l'engagement qui justifie l'exclusion des incapables compte tenu de leurs facultés mentales altérées ou pas suffisamment développées, l'intérêt de la famille explique le cas des époux.

Par ailleurs, la responsabilité limitée rend accessible la société. Dans les sociétés de personne, la solidarité fonde la forte *intuitu personae*. Les parts sociales ne peuvent être cédées à des tiers ou à des associés qu'avec le consentement unanime des associés[329]. Toute cession de parts sociales intervenue en violation de cette règle est nulle. A défaut d'unanimité, la cession ne peut avoir lieu, mais les statuts peuvent aménager une procédure de rachat pour permettre le retrait de l'associé cédant[330]. Les titres dans ces sociétés ne sont donc pas négociables. En outre, ils ne sont pas en principe transmissibles pour cause de mort ; le décès d'un associé dissout la société[331].Toutefois, les statuts peuvent prévoir que la société continue soit entre les associes survivants, soit entre les associes survivants et les héritiers ou successeurs de l'associe décède avec ou sans l'agrément des associés survivants.

S'il est prévu que la société continue avec les seuls associés survivants, ou si ces derniers n'agréent pas les héritiers ou successeurs de l'associé décédé ou s'ils n'agréent que certains d'entre eux, les associés survivants doivent racheter aux héritiers ou successeurs de l'associé décédé ou à ceux qui n'ont pas été agrées, leurs parts sociales[332].

---

[328] Art. 8 et 9 AUDSC-GIE.

[329] A noter aussi les limites apportées à la cession de part dans la SARL même si c'est à un degré moindre. Les statuts organisent librement les modalités de transmission des parts sociales à titre onéreux à des tiers étrangers à la société. A défaut, la transmission n'est possible qu'avec le consentement de la majorité des associés non cédants représentant les trois quarts des parts sociales déduction faite des parts de l'associe cédant. Cela peut se comprendre compte tenu du caractère hybride de la SARL.

[330] Art. 274 AUDSC-GIE.

[331] Art. 290 AUDSC-GIE.

[332] En cas de continuation et si l'un ou plusieurs des héritiers ou successeurs de l'associé décédé sont mineurs non émancipés, ceux-ci ne répondent des dettes sociales qu'a concurrence des parts de la succession de leur auteur.

En outre, la société doit être transformée dans le délai d'un (1) an, à compter du décès, en société en commandite dont le mineur devient commanditaire. A défaut, elle est dissoute.

Paragraphe 2 : Etude de cas

Cas numéro 1

Amadou est sollicité par ses amis Babacar, un as dans la préparation de café Touba, et Kéba, qui dispose de fourneaux, de fûts et de carafes, pour installer un business où il devra contribuer à hauteur de vingt-cinq mille (25 000) FCFA. Donnez et expliquez la forme juridique préférable pour porter une telle entreprise, sachant que Amadou a des doutes par rapport à la solvabilité future de ses amis.

Solution :

Dans cette affaire, il est question de personnes qui souhaitent conjuguer leurs efforts pour développer une activité de production-vente de « café Touba ».

Deux considérations fondamentales sont à retenir. D'une part, la nature des contributions et, d'autre part, les doutes de Amadou.

En ce qui concerne les contributions :

- les vingt-cinq mille (25 000) FCFA de Amadou pourront faire l'objet d'un apport en numéraire ;
- les compétences de Babacar pourront faire l'objet d'un apport en industrie ;
- le matériel de Kéba, un apport en nature.

Il est alors impératif qu'elles évitent une requalification en société créée de fait.

Il y a société créée de fait lorsque deux ou plusieurs personnes physiques ou morales se comportent comme des associés sans avoir constitué entre elles l'une des sociétés reconnues par l'AUSCGIE[333]. « L'existence d'une société (créée) de fait se déduit du comportement des personnes qui, sans en avoir connaissance, se prennent comme associés »[334].

Amadou et ses amis doivent alors constituer une des sociétés de l'AUSCGIE.

Alors que le matériel apporté par Kéba pourra servir à faire le café avec les compétences de Babacar, les vingt-cinq mille (25 000) FCFA

[333] Art. 864 AUSCGIE.

[334] CCJA, 1re ch., arrêt n° 142/2017 du 29 juin 2017.

pourront être utilisés pour l'achat d'intrants (café, sucre, tasses,...). Le développement d'une activité commerciale ne nécessite pas toujours un apport financier important[335]. Par exemple, nous avons deux sociétés A et B qui ont toutes les deux, pour objet social, la production de musiciens dans le domaine du « mbalakh ». La société A à un capital social de trente millions (30 000 000) FCFA et un actionnariat composé d'un professeur agrégé des facultés de droit, d'un expert-comptable et d'un footballeur. Dans la société B avec un capital social de trois millions (3 000 000) FCFA, on retrouve Monsieur Youssou Ndour, surnommé le « roi du mbalakh », disposé à faire un apport en industrie et Monsieur Jimmy Mbaye qui apporte en nature (en jouissance) son studio d'enregistrement.

En ce qui concerne la société des trois amis, pour le choix de la forme sociale, il est impératif de tenir compte de la nature des apports et des craintes de Amadou. Il en résulte :

- l'exclusion de la *société anonyme* (SA). L'apport en industrie est formellement interdit dans les sociétés anonymes[336]. Seuls les apports ayant une valeur patrimoniale sont retenus dans cette forme de société.

En sus, dans la SA, le capital social minimum est de dix millions si elle ne fait pas appel public à l'épargne et de cent millions si elle fait appel public à l'épargne.

Outre le fait que l'apport en industrie ne soit pas capitalisable, le 25 000 fcfa de Amadou additionnés la valeur de l'apport en nature de Babacar, ne satisfont pas au minimum exigé.

- l'exclusion de la *société en nom collectif* (SNC). La SNC est une société de personnes. En d'autres termes, c'est une société dominée par l'*intuitu personae* et par l'aspect contractuel.

Il existe deux sociétés de personnes, à savoir, la société en nom collectif (SNC) et la société en commandite simple (SCS).

Dans la SNC, tous les associés sont commerçants[337]. C'est la qualité d'associé qui y accorde celle de commerçant. Ainsi, chaque associé doit avoir la capacité d'être commerçant pour intégrer cette forme de société.

---

[335] A noter qu'il n'est pas pris en compte les frais de constitution de la société.

[336] Art. 50-1 al. 2 AUSCGIE.

[337] Art. 270 AUSCGIE.

Le risque encouru dans la SNC ne se concilie pas avec les craintes de Amadou. La SNC est pour des associés qui se connaissent et se font confiance. Les associés sont tenus solidairement et indéfiniment des dettes sociales. Ainsi, les créanciers de la société peuvent poursuivre le paiement de ces dettes contre un associé soixante (60) jours au moins après avoir vainement mis en demeure la société.

En considération de ces exclusions, le choix devra porter sur :

- la *société en commandite simple* (SCS) : c'est une société de personnes qui est hybride. La SCS est celle dans laquelle coexistent un ou plusieurs associés indéfiniment et solidairement responsables des dettes sociales dénommés « associés commandités », avec un ou plusieurs associés responsables des dettes sociales dans la limite de leurs apports, dénommés « associés commanditaires » ou « associés en commandite », et dont le capital est divisé en parts sociales[338].

Dans une SCS, Amadou sera un associé commanditaire.

A noter cependant que la société en commandite simple est gérée par tous les associés commandités, sauf clause contraire des statuts qui peuvent désigner un ou plusieurs gérants parmi les associés commandités, ou en prévoir la désignation par un acte ultérieur dans les mêmes conditions et avec les mêmes pouvoirs que dans une société en nom collectif.

L'associé ou les associés commanditaires ne peuvent faire aucun acte de gestion externe, même en vertu d'une procuration. En cas de contravention à la prohibition, l'associé ou les associés commanditaires sont obligés indéfiniment et solidairement avec les associés commandités pour les dettes et engagements de la société qui dérivent des actes de gestion qu'ils ont faits. Suivant le nombre ou la gravité de ces actes, ils peuvent être obligés pour tous les engagements de la société ou pour quelques-uns seulement.

- la *société à responsabilité limitée* (SARL) : la SARL est une société dans laquelle les associés ne sont responsables des dettes sociales qu'à concurrence de leurs apports et dont les droits sont représentés par des parts sociales.

Le capital social est, en droit sénégalais, librement fixé par les parties.

---

[338] Art. 293 AUSCGIE.

- La *société par actions simplifiées (SAS)* : la SAS est une société instituée par un ou plusieurs associés et dont les statuts prévoient librement l'organisation et le fonctionnement sous réserve des règles impératives de l'Acte uniforme. Les associés de la société par actions simplifiée ne sont responsables des dettes sociales qu'à concurrence de leurs apports et leurs droits sont représentés par des actions.

Le capital social est, en droit sénégalais, librement fixé par les parties.

Cas numéro 2

Amadou qui souhaite relancer son activité commerciale a entendu dire que la société en commandite simple est une belle opportunité de financement. Vous en pensez quoi, sachant qu'il veut être en partenariat avec un de ses amis qui est un fonctionnaire ?

Solution :

Au même titre que les autres formes sociales, la SCS est une technique de financement. C'est un creuset sur mesure pour une rencontre entre bailleurs de fonds et commerçants, entre porteurs de projets et investisseurs, par la cohabitation d'associés commandités et d'associés commanditaires. L'idée retrouve un financement avec l'avantage pour son porteur d'être le gérant de l'activité.

La différence de statut des associés offre la possibilité pour la SCS de ratisser large, contrairement à la SNC. En effet, malgré qu'elle soit une société de personnes, elle peut accueillir un fonctionnaire.

Nul ne peut exercer une activité commerciale lorsqu'il est soumis à un statut particulier établissant une incompatibilité. Aux termes de l'article 9 AUDCG, l'exercice d'une activité commerciale est incompatible avec l'exercice des fonctions ou professions suivantes :

- fonctionnaires et personnels des collectivités publiques et des entreprises à participation publique ;
- officiers ministériels et auxiliaires de justice : avocat, huissier, commissaire-priseur, agent de change, notaire, greffier, administrateur et liquidateur judiciaire ;
- expert-comptable agréé et comptable agréé, commissaire aux comptes et aux apports, conseil juridique, courtier maritime ;

- plus généralement, toute profession dont l'exercice fait l'objet d'une réglementation interdisant le cumul de cette activité avec l'exercice d'une profession commerciale.

Dans la SCS, seuls les associés commandités ont la qualité de commerçant. Les personnes en situation d'incompatibilité avec l'activité commerciale peuvent alors intégrer la SCS en qualité d'associé commanditaire, avec une responsabilité dans la limite de leurs apports. En outre, les risques encourus par l'associé commandité constituent un véritable moyen de pression pour préserver l'investissement des commanditaires.

La SCS est un bon vecteur pour des mécanismes de financement comme les *business angels*[339].

Amadou pourra apporter de l'argent (apport en numéraire), son fonds de commerce ou tous autres biens (apport en nature), ou faire un apport en industrie (ses compétences techniques, professionnels ou des services).

De son côté, le fonctionnaire pourra être le véritable bailleur de fonds, même si les autres apports sont aussi possibles pour lui.

Cas numéro 3

L'Etat actionnaire.

Extrait de l'exposé des motifs de la loi n° 87-28 du 18 août 1987 autorisant la création de la société nationale du port autonome de Dakar :

> « La situation d'établissement public et les conditions initiales de son organisation et de son fonctionnement, acceptables lorsque le port était dans une situation de quasi-monopole, sont devenus totalement inadaptés aux circonstances actuelles. L'accumulation progressive de textes qui régissent les établissements publics en général et ceux spécifiques au Port autonome provoquent une extrême lourdeur et une très grande rigidité de fonctionnement. De plus, l'évolution considérable en cours dans le secteur des transports maritimes place le Port de Dakar dans une situation de concurrence qui s'exacerbe et le conduit inexorablement au rang de port

[339] v. **supra n° 48.**

secondaire s'il n'est pas en mesure d'adopter les règles de fonctionnement d'un port moderne.

Les structures actuelles du Port autonome, les principes de gestion du personnel auxquels il satisfait ainsi que les procédures d'engagement et de règlement des dépenses auxquels il est soumis, ne lui permettent pas de définir et conduire une politique de gestion industrielle efficace et dynamique, dans une optique de rentabilité et de compétitivité.

(…)

Pour relever le défi, il convient que le cadre juridique permette au gestionnaire de l'outil portuaire la rapidité de décision et d'action nécessaire que n'autorise pas le statut actuel d'établissement public.

Le changement de statut est donc indispensable pour permettre aux responsables portuaires d'adapter leur structure, leur organisation et leurs moyens aux besoins réels, de maîtriser les flux financier et de responsabiliser le personnel dans un souci général d'efficacité et de compétitivité.

La société nationale parait être le cadre juridique répondant le mieux à de telles exigences, tout en préservant le rôle et les prérogatives essentielles de l'Etat ».

174.- L'Etat investisseur est une réalité qui ne se discute plus. Dès son accession à l'indépendance, le Sénégal a senti la nécessité pour l'Etat d'avoir une double casquette ; d'une part, celle d'une puissance publique et, d'autre part, celle d'un acteur du monde des affaires, un « Etat entrepreneur », « l'Etat actionnaire ». Cependant, en cela qu'il utilise « l'argent du contribuable », il est un investisseur d'un genre particulier. Il ne pouvait, en raison du rôle de direction qui lui incombe dans l'essor économique et surtout pour la bonne gestion des finances publiques, se désintéresser de la bonne marche de ces entreprises.

Avec la loi d'orientation n° 2022-08 du 19 avril 2022 relative au secteur parapublic, au suivi du portefeuille de l'Etat et au contrôle des personnes morales de droit privé bénéficiant du concours financier de la puissance publique[340], les sociétés publiques sont constituées par les :

---

[340] Elle a abrogé et remplacé la loi n° 90-07 du 26 juin 1990 relative à l'organisation et au contrôle des entreprises du secteur parapublic et au contrôle des personnes morales de droit privé bénéficiant du concours financier de la puissance publique.

- sociétés nationales : sociétés par actions de droit privé dont le capital est intégralement souscrit par l'État et, le cas échéant, par d'autres personnes morales de droit public. Dans tous les cas, la participation directe de l'État est supérieure à 50 % du capital social. Leur création est autorisée par la loi.

- sociétés à participation publique majoritaire : sociétés dans lesquelles une ou plusieurs personnes publiques possèdent directement ou indirectement au moins 50 % du capital social. La participation d'une personne publique au capital social de ces sociétés par l'intermédiaire d'un organisme est calculée comme suit :

✓ si la puissance publique possède 50 % du capital social de l'organisme intermédiaire, sa participation est décomptée pour une valeur égale à la part détenue par l'organisme intermédiaire lui-même ;

✓ dans le cas contraire, la participation publique est calculée au prorata de sa participation au capital social de l'organisme intermédiaire.

Ces deux formes de sociétés, malgré la loi de 2022, sont soumises au droit OHADA. Toute société commerciale, y compris celle dans laquelle un État ou une personne morale de droit public est associé, et dont le siège social est situé sur le territoire de l'un des États parties au Traité relatif à l'harmonisation du droit des affaires en Afrique, est soumise aux dispositions de l'AUSCGIE[341]. Ainsi, malgré la présence de l'Etat, nous sommes devant des personnes morales de droit privé. D'une part, le caractère commercial d'une société est déterminé par sa forme ou par son objet[342] et la société anonyme est une société commerciale par sa forme. D'autre part, l'article 9 de la loi de 2022 est sans équivoque. « L'Etat, qui est libre de créer des entreprises publiques suivant ses modes d'expression traditionnels, participe à créer une société commerciale de droit privé lorsqu'il accepte d'en être associé »[343].

Le choix de la forme de société anonyme avec conseil d'administration et la présence d'un président du conseil d'administration (PCA) et d'un directeur général (DG) n'est pas

---

341 Art. 1 AUSCGIE.

342 Art. 6 AUDSCGIE.

343 CCJA, arrêt n° 368/2020 du 26 novembre 2020, Société Ivoirienne de Concept et de Gestion Mali (SICG-Mali) c/ Banque Malienne de Solidarité et Banque Malienne de Solidarité Côte d'Ivoire.

fortuit[344]. Elle est le meilleur vecteur pour la protection des deniers (publics). D'abord, le conseil d'administration a une mission stratégique et une mission de contrôle et doit autoriser certaines opérations de la direction (les conventions réglementées, les cautionnements, avals et garanties).

Ensuite, le président du Conseil d'administration qui préside les réunions du Conseil d'administration et les assemblées générales, veille à ce que le Conseil d'administration assume le contrôle de la gestion de la société confiée au directeur général. À toute époque de l'année, il opère les vérifications qu'il juge opportunes et peut se faire communiquer par le directeur général, qui y est tenu, tous les documents qu'il estime utiles à l'accomplissement de sa mission. Il est tenu de communiquer à chaque administrateur ces documents et informations.

Enfin la société anonyme doit obligatoirement avoir un commissaire aux comptes.

Les mécanismes de contrôle des entreprises publiques se complètent alors de ceux de la SA. Ainsi, outre le contrôle du commissaire aux comptes, les commissions permanentes de l'Assemblée nationale ainsi que la Cour des comptes scrutent l'activité de certaines sociétés. En effet, sur le fondement du nouvel article 81 de la Constitution, « les commissions permanentes de l'Assemblée nationale peuvent entendre les directeurs généraux des établissements publics, des sociétés nationales et des agences d'exécution. Ces auditions et moyens de contrôle sont exercés dans les conditions déterminées par la loi organique portant Règlement intérieur de l'Assemblée nationale ».

Les sociétés où l'Etat est actionnaire sont ainsi à distinguer à de certaines figures comme l'établissement public industriel et commercial. Malgré la présence de deniers publics, elles sont des personnes morales de droit privé à distinguer de l'Etat. Ainsi, outre leur constitution devant notaire, elles sont, par exemple, des débitrices de l'impôt sur les sociétés, du droit du travail et peuvent subir la saisie de leurs biens (la nouvelle rédaction de l'article 30 de l'Acte uniforme portant organisation des procédures simplifiées de recouvrement et des

---

344 A côté de la société anonyme avec administrateur général, la société anonyme avec Conseil d'administration est dirigée soit par un président-directeur général (PDG), soit par un président du Conseil d'administration (PCA) et un directeur général (DG).

voies d'exécution est d'une clarté qui n'autorise plus un débat sur la question).

La conséquence de la présence de l'Etat dans le capital ne produit ses effets que sur le contrôle des activités qui se trouve renforcé.

LE FINANCEMENT DE L'ACTIVITÉ DE LA SOCIÉTÉ

175.- Outre les techniques classiques de financement, la société commerciale peut se financer par :

- Le compte courant d'associé ;
- L'émission d'obligation ;
- L'ouverture du capital social.

Paragraphe 1 : Le compte courant d'associé

176.- Le compte courant est un mécanisme par lequel un associé verse directement des fonds ou laisse à la disposition de la société des sommes qu'il renonce provisoirement à percevoir, par exemples ses dividendes. En contrepartie, la société supporte une obligation de restituer. L'opération épouse alors les contours d'un contrat de prêt et doit être distinguée de l'apport[345] mais aussi du compte courant classique[346]. Si la nature de la contrepartie installe la distinction avec l'apport en numéraire, les interactions entre les deux parties permettent de singulariser le compte courant d'associé par rapport au compte courant classique.

Le compte courant classique est une convention par laquelle des personnes acceptent de regrouper toutes leurs créances réciproques dans un seul compte et conviennent que leur règlement global interviendra lors de la clôture du compte, laquelle fera apparaitre un solde créditeur en faveur de l'une des parties. En d'autres termes, il est une convention par laquelle deux personnes qui sont périodiquement créancières et débitrices réciproques, font figurer leurs créances et dettes en articles de compte indivisible, seul le solde étant dû après

---

[345] v. **supra n° 151et s.**
[346] v. **supra n° 15.**

clôture. La réciprocité des remises caractérise le fonctionnement du compte-courant classique[347].

Le compte courant classique peut exister non seulement entre un banquier et un entrepreneur mais aussi entre deux entreprises en relations d'affaires : son régime est tout à fait analogue dans les deux cas.

Il résulte de ces développements qu'en l'absence de remises réciproques, le compte courant d'associé ne peut être assimilé au compte courant classique et s'analyse comme un prêt consenti à la société[348].

177.- En considération de sa souplesse, le compte courant d'associé peut jouer un rôle important dans le financement des petites entreprises, et même dans des groupes importants en raison d'avances de trésorerie consenties entre société mère et filiales, ou même entre filiales. En effet, même à titre onéreux, il est, en règle générale plus avantageux et moins contraignant que le recours au financement bancaire traditionnel. En outre, il permet à l'associé-prêteur de disposer de liquidités en principe rapidement mobilisables en cas de besoin. La caractéristique essentielle du compte courant d'associé est d'être remboursable à tout moment[349].

178.- Convention entre un associé et la société, le compte courant d'associé mérite d'être discuté sur le terrain des conventions règlementées. En effet, dans la SA, certaines conventions, appelées conventions réglementées, doivent être soumises à l'autorisation préalable du Conseil d'administration. Il s'agit, entre autres, de :

✓ toute convention entre une société anonyme et l'un de ses administrateurs, directeurs généraux ou directeurs généraux adjoints ;

✓ toute convention entre une société et un actionnaire détenant une participation supérieure ou égale à dix pour cent (10 %) du capital de la société.

Par ailleurs, il résulte des dispositions de l'article 356 de l'AUSCGIE que, dans la SARL, « à peine de nullité du contrat, il est interdit aux personnes physiques, gérantes ou associées, de contracter,

---

347 Cass. Sénégal, arrêt n° 198, du 6 août 1997, Recueil des arrêts de la cour de cassation, années judiciaires 1993-1998, p. 319.

348 C.A. Abidjan, n°401, 13-4-2001 : World City c/ SOW Souleymane, Ecodroit, n° 11, mai 2002, p. 57.

349 Cass. com. (France), 10 mai 2011, Actualités Juridiques, Edition économique n° 1/2011, p. 27, Ohadata J-13-197.

sous quelque forme que ce soit, des emprunts auprès de la société, de se faire consentir par elle un découvert en compte courant ou autrement, ainsi que de faire cautionner ou avaliser par elle leurs engagements envers les tiers ». Le compte courant ne peut ainsi être débiteur dans une SARL.

Dans la SA, l'article 450 de l'AUSCGIE, applicable aussi dans la SAS, dispose qu' « à peine de nullité de la convention, il est interdit aux administrateurs, aux directeurs généraux et aux directeurs généraux adjoints ainsi qu'à leurs conjoints, ascendants ou descendants et aux autres personnes interposées, de contracter, sous quelque forme que ce soit, des emprunts auprès de la société, de se faire consentir par elle un découvert en compte courant ou autrement, ainsi que de faire cautionner ou avaliser par elle leurs engagements envers les tiers ».

Paragraphe 2 : L'émission d'obligation

179.- Les obligations sont des titres négociables représentant un droit de créance à long terme sur la société qui les émet. Elles représentent une dette, remboursable à une date et pour un montant fixé à l'avance, et qui rapporte un intérêt. Elles représentent ainsi des titres utilisés par les entreprises (ou les États) pour emprunter de l'argent. L'emprunteur émet des obligations que des investisseurs achètent, à charge pour lui de rembourser avec un taux d'intérêt fixe ou variable.

Possibilité de se financer hors du circuit bancaire classique, l'émission d'obligation est une belle opportunité pour trouver du financement. En effet, le marché obligataire donne accès à un nombre important d'investisseurs potentiels et à un écosystème qui permet de lever efficacement des fonds.

180.- L'émission d'obligations n'est permise qu'aux sociétés anonymes et aux groupements d'intérêt économique constitués de sociétés anonymes, ayant deux (02) années d'existence et qui ont établi deux bilans régulièrement approuvés par les actionnaires[350]. Elle est interdite aux sociétés dont le capital n'est pas entièrement libéré et ne peut être faite à lots. Toute émission d'obligations réalisée en violation de ces considérations est nulle. Est aussi nulle l'émission d'obligations qui ne respecte pas les règles de compétence.

---

[350] Art. 780 AUSCGIE.

L'Assemblée générale des actionnaires à seule qualité pour décider ou autoriser l'émission d'obligations. Elle peut déléguer au Conseil d'administration ou à l'administrateur général, selon le cas, les pouvoirs nécessaires pour procéder à l'émission d'obligations en une ou plusieurs fois dans le délai de deux (02) ans, et pour en arrêter les modalités.

Tant que l'action ne sera pas intégralement libérée, la société ne pourra non plus émettre des obligations[351].

181.- ***Les valeurs mobilières composées (VMC).*** Aux termes de l'article 822 AUSCGIE, les sociétés par actions peuvent émettre des valeurs mobilières donnant accès au capital et/ou à l'attribution de titres de créance. En conséquence, seule la SA et la SAS peuvent émettre des VMC.

Le régime des VMC est une continuité dans la matérialisation de la volonté du droit OHADA d'offrir aux sociétés des mécanismes de financement adaptés[352].

Sous le prisme de la liberté contractuelle, toutes les combinaisons semblent possibles, à l'exception de combinaisons contrevenant à l'interdiction de conversion d'actions en VMC donnant droit à des obligations. En effet, les titres de capital ne peuvent être convertis ou transformés en valeurs mobilières représentatives de créances[353]. Ainsi, dans la limite du permis, les émetteurs sont libres de composer selon leurs besoins propres des VMC. On pourra donc prévoir :

- des obligations convertibles en actions (OCA) ;
- des obligations avec bons de souscription d'actions (OBSA) ;
- des obligations échangeables contre des actions (OEA) ;
- des obligations remboursables en actions (ORA) ;
- des obligations convertibles et/ou échangeables en actions nouvelles ou existantes (OCEANE) ;
- des obligations à bons de souscription d'actions remboursables (OBSAR) ;
- des bons de souscription d'actions (BSA) ;

---

[351] Art. 389 AUSCGIE.

[352] P. S. A. BADJI, *Réforme du droit des sociétés commerciales OHADA*, CREDILA-L'Harmattan, 2016, p. 83.

[353] Art. 822-3 AUSCGIE.

- des bons autonomes de souscription à des obligations (BSO) ;

- des obligations à fenêtres qui permettent de définir des périodes spécifiques au cours desquelles le remboursement anticipé est autorisé ;

- des obligations indexées également appelées obligations à taux d'intérêt variable ;

- etc.

Dans une même émission, elles confèrent les mêmes droits de créance pour une même valeur nominale.

L'apport ne peut pas être rémunéré par le paiement d'un prix ou la remise d'obligations, même partiellement[354].

Les actionnaires d'une société émettant des valeurs mobilières donnant accès au capital ont, proportionnellement au montant de leurs actions, un droit de préférence à la souscription de ces valeurs mobilières[355].

182.- *Le sukuk.* Dans sa dynamique de promouvoir l'implémentation du marché financier islamique et de son développement, l'UEMOA a adopté le règlement n° 10 /2022/CM/UEMOA relatif aux titres financiers islamiques, aux sociétés d'émission de sukuk autogérées et aux fonds d'émission de sukuk dans l'UEMOA.

Les sukuk sont des titres financiers conforment aux Principes et Règles de la Finance islamique[356]. Ils prennent soit la forme de Certificat(s) de Copropriété Conforme(s) et peuvent être dénommés « Sukuk de Copropriété », soit la forme de Certificat(s) d'Investissement Conforme(s) et peuvent être dénommés « Sukuk d'Investissement ».

Alors que les Sukuk de Copropriété confèrent un droit de propriété sur des actifs éligibles[357] et sont émis par un Fonds Commun

---

[354] G. RIPERT et R. ROBLOT, par M. GERMAIN et L. VOGEL, *Traité de droit commercial*, t. 1, 17e éd., LGDJ, 1998, p. 818.

[355] Art. 822-1 AUSCGIE.

[356] La conformité aux principes et règles de la finance islamique des documents relatifs à l'émission des titres financiers conformes doit être certifiée par un conseil de conformité qui délivre un certificat de conformité.

[357] Il s'agit de tous biens immobiliers ou mobiliers, corporels ou incorporels, droits, en ce compris tous droits résultant d'un démembrement de propriété ou toute combinaison de titres financiers conformes, biens immobiliers ou mobiliers, corporels ou incorporels, droits, en ce compris tous droits résultant d'un

d'Emission de Sukuk (FCES) dans le cadre d'un contrat conforme, les Sukuk d'Investissement confèrent un droit sur les revenus d'une activité éligibles[358] ou d'actifs éligibles et sont émis par toute entité, publique ou privée, habilitée à lever des capitaux auprès d'investisseurs pour investir dans une activité éligibles ou dans des actifs éligibles dans le cadre de contrat conforme.

Lorsqu'ils font l'objet d'un placement privé, les sukuk d'investissement sont émis dans les mêmes conditions réglementaires que celles des emprunts obligataires telles que prévues par une instruction du Conseil régional[359]. C'est ainsi un certificat d'investissement qui pourrait être vu comme étant l'équivalent islamique des obligations conventionnelles avec néanmoins des différences fondamentales.

Les actifs ou activités éligibles sous-jacents des sukuk d'investissement sont isolés comptablement des autres actifs de l'émetteur et constituent un patrimoine d'affectation distinct du reste des actifs de l'émetteur. Cette exigence se justifie par le fait que la rémunération se fait par les revenus de l'actif. A l'opposé d'une obligation classique qui est basée sur un contrat de dette, le sukuk est un titre adossé à un actif tangible.

La rémunération des titres financiers et, le cas échéant, la restitution du principal sont générées par la performance de l'activité éligible ou des actifs éligibles. En effet, le revenu est fonction de la performance. Il peut être variable et fonction du rendement ou profits dégagés par les actifs éligibles ou l'activité éligible.

Le revenu cible dénommé « taux de revenu espéré » est indiqué aux investisseurs.

La restitution du principal des titres financiers conformes peut être totale ou partielle, progressive ou à terme.

Il est possible que les investisseurs ne reçoivent pas, en tout ou partie, le montant en principal, voire le revenu espéré en vertu du titre

---

démembrement de propriété, ou créances, existants ou futurs. Les actifs éligibles comprennent également tout démembrement de propriété de ces derniers.

358 Toute activité qui n'est pas considérée comme illicite au regard des principes et règles de la finance islamique.

359 Lorsqu'ils font l'objet d'un appel public à l'épargne, ils sont émis dans les conditions définies dans l'Instruction du Conseil régional relative à l'appel public à l'épargne au sein de l'UMOA.

financier conforme. Ni le revenu, ni le principal, ne sont garantis aux investisseurs. Les investisseurs ne prêtent pas d'argent à l'émetteur mais financent l'activité sujet du besoin.

Paragraphe 3 : L'ouverture du capital social

183.- Les initiateurs du projet de société peuvent, au moment de la constitution ou en cours de vie social, ouvrir le capital social à d'autres personnes. Cette possibilité qui fait intervenir ou non un appel public à l'épargne, est qualifiée d'augmentation de capital lorsqu'elle intervient après la constitution. Cependant, dans tous les cas, elle peut faire intervenir une nouvelle catégorie d'associés appelés associés-investisseurs.

A. L'augmentation de capital

184.- Le capital social est fixe. C'est le principe en droit des sociétés. Toutefois, cette notion ne saurait signifier un capital ne pouvant faire l'objet de modification. C'est beaucoup plus pour le spécifier par rapport au capital variable[360].

Le capital fixe est celui qui peut être augmenté ou réduit, pour chaque forme de société, dans les conditions prévues par l'Acte uniforme pour la modification des statuts.

Le capital social des sociétés de capitaux est augmenté soit par émission d'actions ordinaires ou d'actions de préférence (possibilité d'intervention de nouveaux associés – des investisseurs), soit par majoration du montant nominal des actions existantes (l'augmentation est ainsi financée par les associés déjà en place)[361].

185.- L'augmentation de capital permet à la société de bénéficier d'un apport d'argent souvent important. Les actions nouvelles sont libérées soit en espèces, soit par compensation avec des créances certaines, liquides et exigibles sur la société, soit par incorporation de réserves, bénéfices ou de primes d'apports, d'émission ou de fusion, soit par apport en nature.

---

[360] Art. 67 al. 2 AUSCGIE.
[361] Art. 562 AUSCGIE.

Elle est aussi une occasion pour la société de renforcer son capital humain. En effet, les actionnaires entrants apportent également leurs expériences, leurs compétences et surtout leur réseau.

186.- L'Assemblée générale extraordinaire est seule compétente pour décider ou, le cas échéant, autoriser une augmentation de capital, sur le rapport du Conseil d'administration ou de l'administrateur général, selon le cas, et sur le rapport du commissaire aux comptes[362].

L'augmentation de capital par majoration du montant nominal des actions n'est décidée qu'avec le consentement unanime des actionnaires, à moins qu'elle ne soit réalisée par incorporation de réserves, bénéfices ou primes d'apports, d'émission ou de fusion. Le capital peut également être augmenté par l'exercice de droits attachés à des valeurs mobilières donnant accès au capital, dans les conditions prévues aux articles 822-1 et suivants de l'AUSCGIE.

Les actions nouvelles sont émises soit à leur montant nominal, soit à ce montant majoré d'une prime d'émission.

187.- Pour éviter que l'augmentation de capital ne perturbe l'équilibre établi dans la société, la loi attache un droit préférentiel de souscription aux augmentations de capital aux actions présentes. Les actionnaires ont, proportionnellement au montant de leurs actions, un droit de préférence à la souscription des actions de numéraire émises pour réaliser une augmentation de capital. Ils pourront ainsi souscrire de manière prioritaire de nouvelles actions lors de l'augmentation[363]. Par la règle de la proportionnalité qui l'accompagne, le droit préférentiel de souscription permet à l'actionnaire de maintenir le pourcentage qu'il détenait dans le capital de la société.

Pendant la durée de la souscription, le droit préférentiel de souscription est négociable lorsqu'il est détaché d'actions elles-mêmes négociables. Dans le cas contraire, il est cessible dans les mêmes conditions que l'action elle-même. L'actionnaire titulaire du droit peut donc le vendre à des tiers qui souhaitent intégrer la société.

Les actionnaires peuvent renoncer, à titre individuel, à leur droit préférentiel de souscription au profit de personnes dénommées. Ils

---

[362] Art. 564 AUSCGIE.

[363] Art. 573 et s. AUSCGIE.

peuvent également renoncer à ce droit sans indication de bénéficiaires[364].

L'Assemblée générale qui décide ou autorise une augmentation de capital peut aussi, en faveur d'un ou de plusieurs bénéficiaires nommément désignés, supprimer le droit préférentiel de souscription pour la totalité de l'augmentation de capital ou pour une ou plusieurs tranches de cette augmentation[365]. Cette possibilité offre l'occasion d'une redéfinition des pourcentages dans le capital, mais aussi de faire entrer de nouveaux actionnaires dans la société. En effet, permettre l'exercice par tous les actionnaires du droit préférentiel peut barricader la société.

188.- Au moment de l'augmentation de capital, la société peut émettre des actions de préférences ou accorder des avantages particuliers à certaines personnes. Ces deux mécanismes possibles à la constitution de la société[366] ou en cours de vie sociale[367], permettent, souvent, de favoriser ceux qui concourent au développement de la société. En effet, la société peut vouloir attirer ou conserver certains associés compte tenu de leur importance pour son expansion.

L'avantage particulier peut se définir comme une faveur, généralement de nature pécuniaire, mais pas seulement[368], statutairement attribuée à titre personnel à un actionnaire[369]. En d'autres termes, c'est « toute clause des statuts qui rompt l'égalité des actionnaires au profit d'un actionnaire déterminé ou au profit d'un groupe déterminé d'actionnaires »[370] ou encore « toute faveur, de

---

[364] Art. 593 et s. AUSCGIE.

[365] Art. 586 AUSCGIE.

[366] Art. 399 et s. AUSCGIE.

[367] Pour l'augmentation de capital, v. art. 619 et s. AUSCGIE ; pour la transformation de la société, v. art. 187-1 AUSCGIE ; pour la fusion, v. art. 193 AUSCGIE.

[368] Il existe, en effet, un désaccord quant aux faveurs non pécuniaires (exemples, droit de préemption, droit de véto, droit spécial d'information, etc.) ; Ph. REIGNE et T. DELORME, La notion nécessairement pécuniaire des avantages particuliers, BJS 2002, p. 1117 ; Th. GRANIER, « Définition des avantages particuliers », Dr. sociétés, décembre 2003, p. 3. En soumettant les avantages particuliers au régime des apports en nature, la position du droit OHADA semble plus se pencher sur la nature pécuniaire des avantages.

[369] Y. GUYON, *Droit des affaires*, t. 1, 11e éd., 2001, Economica, p. 284.

[370] Rousseau, note sous Cass. civ. 6 mars 1935, S. 1973, 1, 249, cité par G. BOUILLET-CORDONNIER, Pactes d'actionnaires et privilèges statutaires, éd. EFE, 1992, p. 33.

nature pécuniaire ou autre, attribuée à titre personnel à un associé ou à un tiers »[371].

Peuvent caractériser un avantage particulier, un dividende gonflé, préciputaire[372], cumulatif[373], un droit préférentiel sur un actif social ou le boni de liquidation, un droit d'information renforcé ou un droit de véto[374].

Les avantages particuliers sont, au même titre que les actions de préférence, des privilèges statutaires. Cependant, si, en principe, avec les actions de préférence le privilège est rattaché à l'action, le régime des avantages particuliers est marqué par l'*intuitu personae*. L'avantage particulier est intimement lié à la personne.

Par rapport aux actions de préférence, elles sont des actions destinées à permettre à la société « de recourir à des instruments de fonds propres alternatifs à l'action ordinaire afin d'élargir leurs sources de financement et d'offrir aux investisseurs des produits purement financiers bénéficiant d'une rentabilité plus importante »[375]. Elles donnent un avantage particulier à un ou plusieurs actionnaires nommément désignés[376]. En effet, « la philosophie qui sous-tend les actions de préférence, c'est que l'action peut conférer une plus-value »[377]. Ainsi, c'est l'occasion pour la société de renforcer son attractivité par les avantages « sur mesure » accordés aux investisseurs. En d'autres termes, les actions de préférence permettent de revenir sur le principe de proportionnalité qui gouverne la société pour rendre la situation des investisseurs beaucoup plus enviable. C'est une occasion,

---

371 B. MERCADAL et P. JANIN, *Memento pratique Francis Lefebvre sociétés commerciales* (MSC), 1992, n° 1170, cité par G. BOUILLET-CORDONNIER, *Pactes d'actionnaires et privilèges statutaires,* éd. EFE, 2020, p. 33.

372 Ils permettent aux actionnaires d'être réglés avant tout versement aux autres actionnaires. Les bénéficiaires d'actions ordinaires pourraient ainsi se retrouver priver de distribution en cas d'insuffisance des bénéfices de l'exercice.

373 Cela permet, si la société n'est pas en mesure de distribuer des dividendes aux actionnaires au cours de la période due, les dividendes dus sont reportés jusqu'à ce qu'ils soient payés.

374 Gh. BOUILLET-CORDONNIER et autres, Pactes d'actionnaires et privilèges statutaires, op. cit., p. 135.

375 Les actions de préférence : Proposition du MEDEF pour une modernisation du droit des valeurs mobilières, Rapport du Mouvement des entreprises de France (Medef°, juin 2001, p. 2).

376 Art. 778-1 AUSCGIE.

377 P. S. A. BADJI, *Réforme du droit des sociétés commerciales OHADA*, op. cit., p. 75.

surtout pour les investisseurs ayant une participation minoritaire, de protéger et contrôler leur investissement.

Les actions de préférence dérogent par rapport aux droits accordés par les actions ordinaires. Ainsi, les privilèges qu'elles accordent peuvent porter sur le droit de vote, le droit à l'information ou le droit au dividende. Les droits accordés peuvent être un droit de jouissance d'avantages par rapport à toutes les autres actions, un droit d'attribution de siège d'administrateur, un droit de vote double de celui conféré aux autres actions.

B. L'intervention d'associés-investisseurs

189.- Au moment de sa constitution ou en cours de vie sociale, la société peut enregistrer l'entrée d'associés dont la seule volonté est de réaliser des bénéfices sans, très souvent, se soucier de la vie de la société. « La figure de l'associé-investisseur renvoie à l'idée que l'associé est un investisseur qui, à l'issue d'un calcul rationnel sur les perspectives de rentabilité d'un titre, décide d'apporter du numéraire à une société plutôt que d'investir dans une obligation ou dans d'autres supports »[378].

Dans le cadre de cette étude, l'attention sera portée sur l'investissement à capital fixe et sur le *crowdequity*.

1. L'investissement à capital fixe

190.- L'investissement à capital fixe est un financement participatif qui prend appui sur les apports. Cependant, il s'en distingue principalement de par les mobiles qui ont guidé la mise à disposition des fonds.

L'investissement à capital fixe traduit le fait pour des investisseurs privés d'apporter une partie de leur patrimoine personnel à des sociétés sans rechercher de rendement immédiat, mais dans une perspective de succès à terme. C'est « (...) la prise de risque réalisée par des

---

[378] D. GUTMANN, « L'associé, investisseur ou entrepreneur ? Réflexion fiscales sur le statut de l'associé de société », in *Mélanges en l'honneur du Professeur Paul Le Cannu. Le droit des affaires à la confluence de la théorie et de la pratique*, Dalloz, LGDJ, 2014, p. 318. Cette trouvaille remet en cause la conception classique de l'*affectio societatis ;* C. A. W. NDIAYE, *Droit sociétés de capitaux*, op. cit., p.73.

investisseurs en capital, qui acceptent de devenir actionnaires d'une société non cotée dont ils n'assurent pas la direction, mais qu'ils assistent de leur compétence technique et sur la gestion de laquelle ils exercent un contrôle plus ou moins important, en vue de réaliser à terme un profit sous la forme d'une plus-value de cession de leur participation »[379].

Les entreprises d'investissement ont pour objet essentiel de concourir au renforcement des fonds propres des sociétés non cotées, en particulier les petites et moyennes entreprises (PME) qui constituent une composante essentielle du tissu économique des pays de l'UEMOA mais qui, malgré cela, s'insèrent difficilement dans le secteur financier classique. Elles interviennent au moyen de souscription ou d'acquisition d'actions ou d'obligations. En effet, sont considérées comme entreprises d'investissement à capital fixe « les entreprises qui font profession habituelle de concourir, sur ressources propres ou assimilées, au renforcement des fonds propres et assimilés d'autres entreprises »[380]. Ce sont donc des structures nécessaires à la multiplication et au développement des entreprises, généralement de taille petite ou moyenne et qui ne font pas appel public à l'épargne.

L'article 4 de la loi uniforme relative aux entreprises d'investissement à capital fixe distingue quatre (4) types d'entreprises d'investissement :

- Les établissements financiers de capital risque ;
- Les établissements financiers d'investissement en fonds propres ;
- Les sociétés d'investissement en capital risque ;
- Les sociétés d'investissement en fonds propres.

Ces quatre (4) types d'entreprises d'investissement sont repartis en deux (2) groupes :

- Les entreprises de capital-risque ;
- Les entreprises d'investissement en fonds propres

Les entreprises de capital-risque sont des structures qui ont pour objet la participation, pour leur propre compte ou pour le compte de tiers et en vue de sa rétrocession, notamment sur le marché financier

---

[379] F.-D. Poitrinal, *Le capital-investissement, guide juridique et fiscal*, Éd. Galexia, 2e éd. 2001.

[380] Art. 3 de la loi uniforme relative aux entreprises d'investissement à capital fixe.

régionale, au renforcement des fonds propres ou assimilés des entreprises[381]. Elles sont constituées par les établissements financiers de capital-risque et les sociétés de capital-risque.

A l'opposé, les établissements financiers d'investissement en fonds propres et les sociétés d'investissement en fonds propres constituent les entreprises d'investissement en fonds propres. Elles ont pour objet l'acquisition et la gestion, pour leur propre compte, d'un portefeuille de valeurs mobilières[382].

Pour l'exercice de leur activité, les entreprises d'investissement à capital risque sont soumises à des conditions de forme et de fond.

a) Les conditions de forme

Les entreprises d'investissement à capital fixe doivent requérir un agrément pour l'exercice de leur activité. Mais, pour cela, il y a des préalables à respecter.

- **La forme juridique**

Les entreprises d'investissement à capital fixe doivent être constituées sous forme de sociétés à responsabilité limitée (SARL) ou de sociétés anonymes (SA) ayant leur siège social dans un Etat membre de l'UEMOA.

La SARL. La société à responsabilité limitée et la société dans laquelle les associés ne sont responsables des dettes sociales qu'à concurrence de leurs apports et dont les droits sont représentés par des parts sociales. Elle est gérée par une ou plusieurs personnes physiques, associées ou non, dénommées gérant.

Nommés par les statuts, le ou les gérants statutaires ou non sont révocables par décision des associés représentant plus de la moitié des parts sociales. Toute délibération prise en violation de cette règle est nulle.

Si la révocation est décidée sans juste motif, elle peut donner lieu à dommages et intérêts. En outre, le gérant est révocable par la juridiction

---

381 Art. 8 al. 1 de la loi uniforme relative aux entreprises d'investissement à capital fixe.

382 Art. 9 al. 1 de la loi uniforme relative aux entreprises d'investissement à capital fixe.

compétente, dans le ressort de laquelle est situé le siège social, pour juste motif, à la demande de tout associé.

Dans les rapports entre associés et en l'absence de la détermination de ses pouvoirs par les statuts, le gérant peut faire tous les actes de gestion dans l'intérêt de la société. En cas de pluralité de gérants, ceux-ci détiennent séparément les pouvoirs précités, sauf le droit pour chacun de s'opposer à toute opération avant qu'elle ne soit conclue. Mais l'opposition formée par un gérant aux actes d'un autre gérant est sans effet à l'égard des tiers, à moins qu'il ne soit établi qu'ils en ont eu connaissance.

Dans les rapports avec les tiers, le gérant est investi des pouvoirs les plus étendus pour agir en toute circonstance au nom de la société, sous réserve des pouvoirs que l'AUDSC-GIE attribue expressément aux associés.

La société est engagée, même par les actes du gérant qui ne relèvent pas de l'objet social, à moins qu'elle ne prouve que le tiers savait que l'acte dépassait cet objet ou qu'il ne pouvait l'ignorer compte tenu des circonstances, étant exclu que la seule publication des statuts suffise à constituer cette preuve.

Observations 1 : Malgré qu'elle soit acceptée pour supporter l'entreprise d'investissement à capital fixe, la SARL ne semble pas être la structure idéale. En effet, la gestion est monopolisée par le gérant. Il est le seul responsable de la gouvernance de la société et peut être amené à prendre seul les décisions de gestions et d'investissement. Mieux, les clauses statutaires limitant les pouvoirs des gérants sont inopposables aux tiers de bonne foi.

Outre les pouvoirs importants du gérant, la SARL n'a pas obligatoirement un commissaire aux comptes. La nomination d'un commissaire aux comptes y reste conditionnée. Seules les SARL qui remplissent, à la clôture de l'exercice social, deux des conditions suivantes :

1) total du bilan supérieur à cent vingt-cinq millions (125.000.000) de francs CFA;

2) chiffre d'affaires annuel supérieur à deux cent cinquante millions (250.000.000) de francs CFA;

3) effectif permanent supérieur à cinquante (50) personnes ; sont tenues de designer au moins un (1) commissaire aux comptes.

La société n'est plus tenue de designer un commissaire aux comptes des lors qu'elle n'a pas rempli deux (2) des conditions fixées ci-dessus pendant les deux (2) exercices précédant l'expiration du mandat du commissaire aux comptes.

Pour les autres SARL ne remplissant pas ces critères, la nomination d'un commissaire aux comptes est facultative. Elle peut toutefois être demandée en justice par un ou plusieurs associés détenant, au moins, le dixième du capital social.

La liste des limites de la SARL ne saurait occulter la liberté limitée des associés par rapport à la cession des titres.

Observation 2 : En l'absence de précision de la part de la loi uniforme, les entreprises d'investissement à capital fixe constituées sous forme de SARL peuvent être unipersonnelles. En effet, l'article 11 al. 2 de la loi n'apporte de limitation que pour les établissements financiers de capital-risque et les établissements financiers d'investissement en fonds propres constitués sous la forme de sociétés anonymes.

La deuxième forme sociale retenue par la loi uniforme offre plus de garantie aux membres de l'entreprise d'investissement. Les entreprises d'investissement à capital fixe peuvent être constituées sous forme de société anonyme (SA).

La SA. La société anonyme est une société dans laquelle les actionnaires ne sont responsables des dettes sociales qu'à concurrence de leurs apports et dont les droits sont représentés par des actions. Ces dernières peuvent être nominatives ou au porteur.

La SA est une société de capitaux. Encore appelées sociétés par actions, les sociétés de capitaux sont marquées par une certaine indifférence en la personne des associées. Elles sont fondées sur l'*intuitus pecuniaria rei*, c'est-à-dire sur l'intérêt patrimonial, plus exactement sur l'intérêt pécuniaire. Les actionnaires peuvent ne pas se connaitre et l'exercice du pouvoir est fortement organisé et hiérarchisé. Chaque associé n'est tenu du passif que dans la limite de son apport et les titres qu'il reçoit en contrepartie sont librement négociables et cessibles sauf clauses statutaires d'agrément ou de préemption. C'est la forme sociale réservée en principe aux affaires de grande dimension et où la mort ou l'incapacité d'un actionnaire n'entraîne pas la dissolution de la société.

En droit OHADA, la SA et la société par actions simplifiée (SAS)[383] constituent les deux sociétés spécifiquement de capitaux (la SARL est une société hybride).

La SA offre des garanties de par son organisation. Le mode d'organisation est déterminé dans les statuts. Mais le choix est à faire entre la SA avec conseil d'administration (CA) et la SA avec administrateur général. Ce choix n'est toutefois pas irrévocable. La société anonyme peut, en cours de vie sociale, changer à tout moment son mode d'administration et de direction.

Observation 1 : Les établissements financiers de capital-risque et les établissements financiers d'investissement en fonds propres constitués sous la forme de sociétés anonymes ne peuvent opter pour la forme unipersonnelle[384]. La possibilité reste donc ouverte seulement pour les sociétés de capital-risque et les sociétés d'investissement en fonds propres.

Observation 2 : L'intérêt d'un choix pour la forme SA réside dans le renforcement des mécanismes de contrôle. D'une part, la SA est la société qui doit obligatoirement avoir un commissaire aux comptes dès sa constitution. D'autre part, son mode d'organisation installe un contrôle interne rigoureux des organes.

Il est cependant à souligner l'exclusion de la société par actions simplifiée (SAS). La SAS est une société instituée par un ou plusieurs associés et dont les statuts prévoient librement l'organisation et le fonctionnement sous réserve des règles impératives de l'AU. Sous réserve des mesures impératives de l'Acte uniforme, l'organisation et le fonctionnement de la SAS sont définies par les actionnaires dans les statuts de la société. Une telle liberté va installer une variabilité des modes d'organisation des SAS. Le seul organe dont la présence est

---

[383] La SAS est une société instituée par un ou plusieurs associes et dont les statuts prévoient librement l'organisation et le fonctionnement sous réserve des règles impératives de l'Acte uniforme. Les droits des associés sont représentés par des actions.

[384] Art. 11 de la loi uniforme relative aux entreprises d'investissement à capital fixe.

obligatoire semble être le Président. Toutefois, les associés peuvent en aménager d'autres organes.

- **Le capital social**

Le capital social est à distinguer du patrimoine social. Le patrimoine social comprend tous les droits et obligations de la société alors que le capital social représente le montant des apports (en nature et en numéraire) faits par les associés lors de la constitution de la société. Il peut être augmenté par de nouveaux apports ou par l'incorporation de bénéfices. Il peut également être réduit.

Toute société doit avoir un capital social indiqué dans ses statuts. Le capital social est fixe ou variable. Au gré de l'Acte uniforme de 2014 sur le droit des sociétés, il peut être stipulé dans les statuts des sociétés anonymes ne faisant pas appel public à l'épargne et sociétés par actions simplifiées que le capital social est susceptible soit d'augmentation par des versements successifs des associés ou l'admission d'associés nouveaux, soit de diminution par la reprise totale ou partielle des apports effectués. Les statuts déterminent une somme au-dessous de laquelle le capital ne peut être réduit par les reprises. A noter que cette somme ne peut être inférieure ni au dixième du capital social stipulé dans les statuts ni au montant minimal du capital exigé pour la forme de la société considérée par les dispositions la régissant.

Les entreprises d'investissement à capital fixe doivent être à capital fixe[385]. En conséquence, les organismes de placement collectif en valeurs mobilières (Sociétés d'investissement à capital variable, Fonds Communs de Placements), qui relèvent de la compétence du Conseil Régional de l'Epargne Publique et des Marchés Financiers (CREPMF) sont exclus du champ de la loi uniforme.

Le montant du capital est librement déterminé par les associés.

Le capital social minimum des sociétés de capital-risque et des sociétés d'investissement en fonds propres est fixé par le Conseil des ministres de l'UMOA dans le respect des seuils prévus par les dispositions du droit commun des sociétés commerciales.

Le capital social des établissements financiers de capital-risque et des établissements financiers d'investissement en fonds propres est fixé

[385] Art. 7 de la loi uniforme relative aux entreprises d'investissement à capital fixe ; aussi l'exposé des motifs de la dite loi.

conformément aux dispositions de la loi portant réglementation bancaire.

- **La demande d'agrément**

L'exercice des activités d'établissement financier de capital-risque ou d'établissement financier d'investissement en fonds propres est soumis à l'obtention préalable de l'agrément en qualité d'établissement financier dans les conditions prévues par la loi portant réglementation bancaire.

Les établissements financiers de capital-risque et les établissements financiers d'investissement en fonds propres constituent une formalisation de l'établissement financier du deuxième groupe tel que prévu par le décret uniforme relatif au classement, à la forme juridique et aux opérations des établissements financiers, au sens de la loi portant réglementation bancaire[386]. Ainsi, outre les dispositions réglementaires de la loi uniforme, ils sont assujettis à l'ensemble des dispositions pertinentes de la loi portant réglementation bancaire et au dispositif prudentiel qui l'accompagne.

Ils ne peuvent, sans avoir été préalablement agréé, exercer leur activité, ni se prévaloir de la qualité d'établissement financier de capital-risque et d'établissement financier d'investissement en fonds propres, ni créer l'apparence de cette qualité[387].

Les demandes d'agrément sont adressées au Ministre chargé des Finances et déposées auprès de la Banque Centrale qui les instruit. La Banque Centrale examine notamment le programme d'activités de cette entreprise et les moyens techniques et financiers qu'elle prévoit de mettre en œuvre, ainsi que son plan de développement du réseau de succursales, d'agences ou de guichets, à l'échelle nationale et communautaire. Elle apprécie également l'aptitude de l'entreprise requérante à réaliser ses objectifs de développement, dans des conditions compatibles avec le bon fonctionnement du système bancaire et une protection suffisante de la clientèle.

L'agrément est prononcé par arrêté du Ministre chargé des Finances, après avis conforme de la Commission bancaire de l'UMOA. Il est

---

386 Exposé des motifs de la loi uniforme relative aux entreprises d'investissement à capital fixe.

387 Art. 10 et s. de la loi portant réglementation bancaire de 2008.

réputé avoir été refusé s'il n'est pas prononcé dans un délai de six (6) mois à compter de la réception de la demande par la Banque Centrale, sauf avis contraire donné au demandeur.

L'agrément est constaté par l'inscription sur la liste des banques ou sur celle des établissements financiers à caractère bancaire. Les établissements financiers à caractère bancaire, classés dans une catégorie, ne peuvent exercer les activités d'une autre catégorie sans une autorisation préalable accordée comme en matière d'agrément. Le retrait de cette autorisation est prononcé comme en matière de retrait d'agrément.

- **La demande d'autorisation**

Les sociétés de capital-risque et les sociétés d'investissement en fonds propres au sens de la présente loi doivent obtenir, pour l'exercice de leur activité, une autorisation délivrée par le ministre en charge des finances.

Les demandes d'autorisation sont adressées au ministre en charge des finances et déposées auprès de la banque centrale qui les instruit. Une instruction de la banque centrale précise les modalités d'examen de la demande d'autorisation d'exercer en qualité de société de capital-risque ou de société d'investissement en fonds propres et détermine les pièces à joindre au dossier.

Les sociétés de capital-risque et les sociétés d'investissement en fonds propres exercent, sous peine de retrait d'autorisation, dans le cadre strict de l'objet défini dans la décision d'autorisation.

Le retrait de l'autorisation est prononcé par le ministre en charge des finances :

- à la demande de la société considérée ;
- lorsque la société ne répond plus aux conditions qui ont présidé à l'octroi de l'autorisation ;
- lorsque la société s'est rendue coupable d'un manquement grave à la législation ou à la réglementation en vigueur ;
- lorsqu'aucune activité liée à l'objet principal de l'autorisation n'est relevée durant trois années civiles consécutives.

Les sociétés de capital-risque et les sociétés d'investissement en fonds propres sont soumises aux contrôles effectués par le ministre en charge des finances dans le but de s'assurer de la conformité de leurs activités aux dispositions légales et réglementaires en vigueur. Elles sont assujetties à l'ensemble des dispositions nationales du droit des sociétés commerciales en matière de sanctions.

b) Domaine d'intervention

- Les opérations autorisées

Les opérations des entreprises de capital-risque. Les entreprises de capital-risque ont pour objet la participation, pour leur propre compte ou pour le compte de tiers et en vue de sa rétrocession, notamment sur le marché financier régional, au renforcement des fonds propres ou assimilés des entreprises. Elles interviennent au profit d'entreprises créées depuis moins de cinq (05) ans ou en cours de création, d'entreprises faisant l'objet de procédures collectives d'apurement du passif autres que la liquidation des biens, ainsi que d'entreprises opérant dans des domaines considérés comme prioritaires par les Etats membres de l'Union économique et monétaire ouest africaine (UEMOA) et dont les activités ne sont pas expressément exclues des présentes dispositions.

Elles ont donc pour caractéristiques essentielles d'apporter des fonds aux entreprises naissantes ou en développement, des apports généralement assortis de missions de conseil sans implications dans la gestion, ainsi que d'un programme de désengagement du capital social au profit d'autres actionnaires[388] après une période prescrite par la loi uniforme[389].

La part des actions de sociétés non cotées en bourse devra représenter à tout moment, un minimum de cinquante pour cent de la valeur nette du portefeuille global d'investissement des entreprises de capital-risque. Tout manquement à cette obligation devra être corrigé sans délai.

Les entreprises de capital-risque peuvent également effectuer des opérations connexes compatibles avec leur objet.

En cas de participation pour le compte de tiers, sa gestion fera l'objet d'une convention signée entre l'entreprise de capital-risque et le tiers,

---

[388] v. développements sur les pactes d'actionnaires.

[389] v. exposé des motifs de la loi uniforme relative aux entreprises d'investissement à capital fixe.

personne physique ou morale, et précisant les modalités d'exécution du mandat de gestion, notamment le ou les investissement(s) à réaliser, ainsi que les conditions de rétrocession de la participation.

Les opérations des entreprises d'investissement en fonds propres. Les entreprises d'investissement en fonds propres ont pour objet l'acquisition et la gestion, pour leur propre compte, d'un portefeuille de valeurs mobilières[390]. Ainsi, contrairement aux entreprises de capital-risque, elles ne peuvent pas agir pour le compte d'autrui.

Elles interviennent par apport en fonds propres, mais en faveur des établissements créés depuis une période qui ne leur permet plus de bénéficier de ressources des entreprises à capital-risque. En effet, leurs cibles sont les entreprises créées depuis au moins cinq (05) ans. L'intervention se fait au moyen de la souscription ou de l'acquisition d'actions ordinaires ou d'actions de priorité, de titres participatifs, d'obligations convertibles et, d'une façon générale, de toutes les catégories de titres assimilées à des fonds propres conformément à la réglementation en vigueur. La part des actions de sociétés non cotées en bourse devra représenter à tout moment un minimum de cinquante pour cent du portefeuille global des entreprises d'investissement en fonds propres et tout manquement à cette obligation devra être corrigé sans délai.

Par ailleurs, les entreprises d'investissement en fonds propres peuvent exercer les activités relevant de la compétence des entreprises de capital-risque.

- **Les opérations interdites**

Les entreprises d'investissement à capital fixe ne peuvent détenir d'actions ou de parts sociales d'une société leur conférant directement ou indirectement ou conférant à l'un de leurs associés direct ou indirect, une participation supérieure à un pourcentage du capital de ladite société fixé par le Conseil des ministres de l'Union monétaire ouest

---

[390] Sont considérées comme valeurs mobilières pour l'application des dispositions de la loi uniforme, les titres émis par des personnes morales publiques ou privées, transmissibles par inscription en compte ou tradition, qui confèrent des droits identiques par catégorie et donnent accès, directement ou indirectement, à une quotité du capital ou à un droit de créance général sur leur patrimoine (cf. art. 10 de la loi uniforme relative aux entreprises d'investissement à capital fixe).

africaine ou, à défaut, atteignant le seuil requis pour la minorité de blocage. Toute infraction aux dispositions susvisées devra faire l'objet d'une régularisation sans délai.

Il est interdit aux entreprises d'investissement à capital fixe de consacrer plus d'un pourcentage de leurs fonds propres, fixé par le Conseil des ministres de l'Union monétaire ouest africaine, à la détention de titres émis par une même société. Pour l'application de cette disposition, la valeur des titres concernés à prendre en compte pour déterminer le pourcentage des fonds propres sera fixée par une instruction de la banque centrale.

c) Conditions d'exercice

Conditions d'exercice spécifiques aux entreprises de capital-risque. Les ressources des entreprises de capital-risque sont constituées exclusivement par des fonds propres, des fonds propres assimilés affectés à des projets spécifiques, des ressources gérées pour le compte de tiers conformément à l'objet des entreprises de capital-risque, et des dotations provenant de l'Etat dont la gestion est régie par une convention.

Les sociétés de capital-risque qui gèrent des fonds pour le compte de tiers, ou dont le capital social est détenu à vingt-cinq pour cent ou plus par une banque ou un établissement financier doivent être agréées en qualité d'établissement financier.

Les entreprises de capital-risque ne peuvent acquérir de titres émis par les banques, les établissements financiers, les sociétés d'assurances, les caisses de retraite ou toutes autres formes d'entreprises financières. Sont considérés comme titres au sens de la loi uniforme, les valeurs émises par les Etats ou des entités publiques ou privées et représentatives d'une créance ou d'un droit d'associé.

Les participations des entreprises de capital-risque peuvent faire l'objet de conventions avec les entreprises bénéficiaires de leurs interventions, fixant les modalités et les délais de rétrocession.

Lorsque les actions détenues par une entreprise de capital-risque sont admises à la cote officielle, cette dernière peut les conserver pendant une durée maximale de deux ans à compter de la date d'admission, sous réserve que la part des titres ainsi cotés n'excède pas cinquante pour cent du portefeuille de l'entreprise de capital-risque. En cas de dépassement du seuil de cinquante pour cent, la part excédentaire devra être intégralement cédée sans délai à des tiers, à l'initiative de l'entreprise de capital-risque.

Conditions d'exercice spécifiques aux entreprises d'investissement en fonds propres. Les ressources des entreprises d'investissement en fonds propres sont constituées exclusivement par des fonds propres ou assimilés.

Les entreprises d'investissement en fonds propres ne peuvent prendre des participations dans les banques, les établissements financiers, les compagnies d'assurances, les caisses de retraite ou dans toutes autres entreprises financières. Ils doivent justifier de l'utilisation de chaque tranche libérée du capital pour l'acquisition de valeurs mobilières dans un délai et une proportion fixés par une instruction de la Banque centrale.

2. Le crowdequity

191.- Le *crowdequity* est une variante du *crowdfunding.* Il est déjà présent dans la pratique des affaires au Sénégal[391]. A l'image des entreprises d'investissement à capital fixe[392], il est un mode d'investissement en fonds propres par le truchement d'une souscription au capital.

Dans le cadre du *crowdfunding* par souscription au capital, la plateforme recherche des souscripteurs pour le compte du porteur de projet et reçoit des ordres de souscription de la part des internautes. En d'autres termes, les investisseurs apportent des fonds à une société par le biais de la plateforme et acquièrent, en contrepartie, la qualité d'associé. Ces fonds qui seront intégrés dans le capital social vont contribuer au financement de la société.

Addition des valeurs des apports effectués par les associés au moment de la constitution de la société, le capital social est une masse abstraite de biens qui remplit une fonction économique au bénéfice d'une entreprise, sans pour autant renier une fonction civile frugifère[393].

---

[391] Sunu Invest SARL (https://sunuinvest.com/), REISE (https://reisemarket.com/), Diapci (https://fr.diapci.sn/), etc.

[392] « Entreprises qui font profession habituelle de concourir, sur ressources propres ou assimilées, au renforcement des fonds propres et assimilés d'autres entreprises » ; Art. 3 de la loi uniforme relative aux entreprises d'investissement à capital fixe.

[393] R. SAVATIER, *Le droit comptable au service de l'homme*, éd. Dalloz, 1969, n°119.

Il est ainsi le patrimoine initial permettant à la société d'engager la réalisation de son objet social. M. GORE expose en ce sens qu'« au point de vue économique, le capital social d'une entreprise est l'élément de base de financement de l'activité que l'entreprise exerce »[394].

192.- Appréciées à l'aune des réformes opérées en droit OHADA, les fonctions – de financement et de garantie - du capital social suscitent l'interrogation par rapport à leur réalité actuelle[395]. Cependant, le capital social est loin d'être symbolique. La société est un réel moyen pour réunir des capitaux[396] surtout qu'on assiste aujourd'hui à l'émergence des associés-investisseurs[397] favorisée par le régime des valeurs mobilières.

L'essor du *crowdequity* en droit sénégalais reste cependant tributaire de la nature de la société bénéficiaire des fonds et de la protection des droits des investisseurs.

a) Les possibles bénéficiaires *du crowdequity*

193.- Le formalisme qui entoure la cession des titres dans les sociétés de personnes et dans la SARL ne semble permettre d'envisager le *crowdequity* que pour les sociétés anonymes et les sociétés par actions simplifiées.

Le financement par la foule n'est pas une nouveauté en droit des sociétés de capitaux. Sous certaines conditions, une société peut faire une « offre au public » de ses titres[398].

---

394 F. GORE, « La notion de capital social », Etudes offertes à René RODIERE, éd. Dalloz, 1981, p. 85, n° 1. Le même article fut présenté au colloque de l'université Paris II de 1977, « Le capital social : grandeur ou décadence ? ».

395 Aujourd'hui, sauf pour la SA, en droit sénégalais, il n'y a plus de minimum requis dans la fixation du capital social. Aussi bien dans la SAS et la SARL que dans les sociétés de personnes (SNC et SCS), les parties fixent librement le montant du capital social. Il y a une volonté de déconnecter l'acte de création lui-même de la recherche des fonds nécessaires au financement de l'activité d'entreprise. Par ailleurs, la consécration du capital variable est, sans conteste, une limite au moins à la fonction de garantie qui était attachée au capital social. Pour une étude, C. A. W. NDIAYE, *Droit des sociétés de capitaux*, L'Harmattan, 2ème éd., 2021, p. 193 et s.

396 G. RIPERT et R. ROBLOT, par M. GERMAIN et L. VOGEL, *Traité de droit commercial*, t. 1, 17e éd., LGDJ, 1998, p. 792.

397 C. A. W. NDIAYE, *Droit des sociétés de capitaux*, op. cit., p. 91 et s.

398 Aux termes des dispositions de l'article 81 AUDSC-GIE, sont réputées faire publiquement appel à l'épargne :

Sans préjudice des dispositions pouvant régir la bourse des valeurs et l'admission des valeurs mobilières à cette bourse, les sociétés constituées ou en cours de formation faisant appel public à l'épargne par émission de titres sont à la fois régies par les règles générales gouvernant la société anonyme[399] et les dispositions particulières prévues aux articles 823 et s. AUDSC-GIE.

Le *crowdfunding* avec collecte de fonds auprès d'un large public ne saurait méconnaitre le droit de « l'offre au public » qui relève d'une conjugaison des normes OHADA et UEMOA. Cependant, la procédure de l'appel public à l'épargne se singularise par sa lenteur mais aussi par des moyens financiers nécessaires.

Le capital minimum de la société dont les titres sont inscrits à la bourse des valeurs d'un ou plusieurs Etats parties ou faisant publiquement appel à l'épargne pour le placement de leurs titres dans un ou plusieurs Etats parties est de cent millions (100.000.000) de francs CFA.

Aussi, les fondateurs publient avant le début des opérations de souscription des actions une notice dans les journaux habilités à recevoir les annonces légales de l'Etat partie du siège social et, le cas échéant, des Etats parties dont l'épargne est sollicitée[400]. Aucune souscription ne peut être reçue si les formalités relatives à la notice et au projet de statuts n'ont pas été observées.

En considération de ces différentes exigences, le statut de société faisant appel public à l'épargne ne paraît pas répondre à la spécificité du *crowdfunding*. Ce qui, en l'état actuel du droit sénégalais, laisse une

---

- les sociétés dont les valeurs mobilières sont admises à la négociation sur la bourse des valeurs d'un Etat partie, à dater de l'admission de ces titres ;
- les sociétés ou toute personne qui offrent au public d'un Etat partie des valeurs mobilières dans les conditions suivantes :
  - une communication adressée sous quelque forme et par quelque moyen que ce soit à des personnes et présentant une information suffisante sur les conditions de l'offre et sur les valeurs mobilières à offrir, de manière à mettre une personne en mesure d'envisager d'acheter ou de souscrire ces valeurs ;
  - un placement de valeurs mobilières par des intermédiaires financiers dans le cadre soit d'une émission soit d'une cession.

  Lorsqu'un marché financier couvre plusieurs Etats parties, ceux-ci sont considérés comme constituant un seul Etat partie.

[399] La société par actions simplifiée ne peut faire publiquement appel à l'épargne ; art. 853-4 AUDSC-GIE.

[400] Art. 825 AUDSC-GIE.

marge réduite à cette technique de financement. En effet, dans les sociétés non cotées, le *crowdfunding* doit pouvoir s'exercer dans l'hypothèse organisée par l'article 81-1 de l'AUDSC-GIE qui dispose que, ne constitue pas une offre au public, l'offre qui porte sur des valeurs mobilières :

a) dont le montant total dans les Etats parties est inférieur à cinquante millions (50.000.000) de francs CFA, ce montant étant calculé sur une période de douze (12) mois ;

b) ou qui est adressée uniquement à des investisseurs qualifiés[401] agissant pour compte propre, ou a moins de cent (100) personnes physiques ou morales agissant pour compte propre, autres que des investisseurs qualifiés, par marché boursier régional des Etats parties ou, pour les Etats parties qui ne sont pas membres d'un tel marché, par Etat partie.

L'utilisation des exceptions à l'appel publique à l'épargne pour procéder à une opération de financement participatif a déjà fait ses preuves dans des pays comme la Chine. Alors qu'une offre faite à moins de 200 personnes n'exige pas l'établissement d'un prospectus visé par la *China Securities Regulatory Commission*, SeedAsia, une plateforme de financement participatif par souscription de titre, exigeant un investissement minimum de 2000 dollars pour respecter le plafond, permettra à la société *Décision Fuel* de récolter 1,25 million de dollars en 2011[402].

La France a aussi opté pour l'adaptation du régime et du périmètre des offres au public de titres financiers réalisées dans le cadre du financement participatif[403].

---

[401] Au sens de l'AUDSC-GIE, un investisseur qualifié est une personne ou une entité disposant des compétences et des moyens nécessaires pour appréhender les risques inhérents aux opérations sur instruments financiers, telle que les établissements de crédit et autres intermédiaires ou établissements financiers agrées ou règlementés dans les Etats parties, les organismes de placement collectif ainsi que leurs sociétés de gestion, les entreprises d'assurance et de réassurance, les sociétés de groupe d'assurance, les mutuelles et unions de mutuelles et les institutions de prévoyance (art. 81-2 AUDSC-GIE).

[402] B. FRANCOIS, « Le financement participatif par souscription de titres : étude en droit comparé, Le cadre juridique du crowdfunding – Analyses prospectives », (dir. Anne-Valérie LE FUR), édition Société de législation comparée, 2015, p. 174.

[403] Ordonnance n° 2014-559 du 30 mai 2014, relative au financement participatif, JO du 31 mai 2014, p. 9075 ; C. mon. fin., art. L. 411-2, I bis, 1°.

Au Sénégal, par contre, une confrontation entre le droit des sociétés et les faits, offre le théâtre de pratiques *contra legem.* Les plateformes déjà présentes ne prennent pas en considération les limites posées par le droit OHADA des sociétés commerciales. Par exemple, avec « SUNU INVEST » qui intervient dans des domaines variés (Broderie, transport, aviculture, agriculture, enseignement, clinique médicale, poissonnerie, etc.), l'offre de valeurs mobilières dépasse souvent le plafond fixé par l'AUDSC-GIE[404].

Par ailleurs, ces plateformes n'offrent pas d'informations sur la nature juridique des sociétés réceptrices des fonds. Elles se limitent à donner la nature du projet à financer, la valeur et le nombre de titres en vente, etc.

Si le *crowdfunding* par apport est envisageable lorsque l'opération d'investissement est qualifiée de « placement privé », il paraît difficilement conciliable avec le régime rigoureux de l'appel public à l'épargne.

L'allégement des conditions d'exercice du *crowdfunding* n'épuise cependant pas le champ des mesures nécessaires à l'essor de cette technique de financement.

b) La protection de l'investisseur dans le *crowdequity*

194.- Le financement participatif présente des risques spécifiques pour l'investisseur. Ainsi, l'objectif du *crowdfunding* doit être de lui donner l'information la plus complète possible et de le rémunérer pour le risque qu'il prend. Ces risques sont notamment la perte de tout ou partie du capital investi, l'absence de cotation des titres compliquant l'appréciation de leur valeur de cession ou l'endettement excessif des porteurs de projet recourant à ce type de financement[405].

Dans le cadre *crowdequity* par placement privé ces limites du *crowdfunding* peuvent être minimisées par un renforcement du contrôle dans la société et sur le terrain de la liberté contractuelle.

---

[404] Pour l'entreprise « CONFECTION AFRICA BRODERIE (CAB) », le nombre d'actions disponibles sur la plateforme est de 5038, pour 25 000fcfa la valeur de l'unité, soit 125 950 000 FCFA ; https://sunuinvest.com/, consulté le 5 mai 2023. Cette offre n'est pas un cas isolé. « SUNU IMPORT EXPORT » propose 1627 actions pour 50 000FCFA l'unité.

[405] France, Financement participatif, DGCCRF- OCTOBRE 2019, p. 2.

195.- Le *crowdfunding* par apport sans appel public à l'épargne trouve dans la société anonyme une protection de l'investisseur. Outre les mesures classiques de protection des actionnaires (par exemple, l'alerte et l'expertise de gestion[406]), d'une part, elle est la seule société commerciale avec l'obligation de désigner un commissaire aux comptes dès sa constitution. D'autre part, son mode d'organisation installe un contrôle interne rigoureux des organes[407].

Si ces mesures peuvent permettre de protéger les investisseurs dans une société déjà constituée, au moment de la constitution, les fonds provenant de la souscription des actions de numéraire sont déposés par les personnes qui les ont reçus pour le compte de la société en formation, soit chez un notaire, soit dans un établissement de crédit ou de microfinance dument agréé domicilié dans l'État partie du siège de la société en formation, sur un compte spécial ouvert au nom de cette société. Le dépôt des fonds doit être fait dans un délai de huit (08) jours à compter de la réception des fonds[408].

Le retrait des fonds provenant des souscriptions en numéraire ne peut avoir lieu qu'après l'immatriculation de la société au RCCM. II est effectué, selon le cas, par le président-directeur général, le directeur général ou l'administrateur général, sur présentation au dépositaire du certificat du greffier ou de l'organe compétent de l'État partie attestant l'immatriculation de la société au RCCM.

196.- Par ailleurs, « se lancer dans une aventure entrepreneuriale n'est jamais chose aisée. Elle se révèle être, bien souvent, une expérience complexe et stimulante. Fonder sa structure, s'associer, organiser le capital, l'actionnariat, la distribution des bénéfices ou le refinancement de l'entreprise, garantir le contrôle ou prévoir sa transmission sont autant d'éléments cruciaux dans la vie d'une société. Le pacte d'actionnaire est un instrument essentiel pour construire cette ambition »[409]. Il pourra être le réceptacle de clauses comme la clause de non-dilution pour garantir un actionnaire contre une dilution de sa

---

[406] Sur la question, C. A. W. NDIAYE, *Droit des sociétés de capitaux*, op. cit., p. 266 et s.

[407] C. A. W. NDIAYE, *Droit des sociétés de capitaux*, op. cit., p. 349 et s.

[408] Art. 393 AUSCGIE.

[409] O. COUSI, Pactes d'actionnaires et privilèges statutaires, Gh. BOUILLETCORDONNIER et autres, éd. EFE, 3e éd., p. 11.

participation dans la société, la clause de *pari passu*[410], la clause de sortie alternative, etc. La liberté contractuelle pourra aussi permettre une *clause de ratchet,* c'est-à-dire une garantie de valeur qui permet de se prémunir contre une baisse de valorisation de la société. Par ailleurs, le partage des bénéfices n'étant pas une obligation, une clause de répartition des bénéfices sera l'occasion de protéger les associés minoritaires des reports à nouveau.

La SA se présente ainsi comme l'un des meilleurs réceptacles du *crowdequity.*

197.- Gouvernée par la liberté reconnue aux associés, la société par actions simplifiée (SAS) qui souhaite s'ouvrir au crowdfunding devrait se soumettre aux mêmes exigences en termes d'organisation interne.

Née de la révision de l'Acte uniforme, la SAS est le terrain de prédilection de la liberté contractuelle des associés. C'est une société instituée par un ou plusieurs associés et dont les statuts prévoient librement l'organisation et le fonctionnement sous réserve des règles impératives du livre 4-1 de l'Acte uniforme[411].

Comme dans la société anonyme, la société par actions simplifiée est une société dans laquelle la responsabilité est limitée aux apports. Cependant, même si elle émet des actions, contrairement à la société anonyme, les propriétaires des actions sont des associés, pas des actionnaires.

Les règles applicables à la société anonyme concernant la souscription et la libération des actions sont cependant applicables à la société par actions simplifiée[412].

Par rapport à la SA, la SAS présente l'avantage d'être une structure modulable avec une souplesse de fonctionnement. C'est une société « sur mesure » pouvant apporter des réponses adaptées[413]. Elle offre alors la possibilité d'asseoir des coopérations interentreprises, la mise en place de holding ou de filiale commune, etc.

---

[410] Les dirigeants fondateurs et les autres associés s'engagent à faire en sorte que les titres souscrits par les associés-investisseurs bénéficient, a minima, dans le cadre de toute opération financière, des mêmes droits particuliers que ceux qui seraient éventuellement attachés aux titres créés dans le cadre de dite opération.

[411] Art. 853-1 AUSCGIE.

[412] Art. 853-3 AUSCGIE.

[413] C. A. W. NDIAYE, *Droit des sociétés de capitaux*, op. cit., p. 453 et s.

198.- Les sociétés de capitaux offrent ainsi un terreau fertile pour le développement du *crowdequity* contrairement aux sociétés de personne[414] qui, dominées par l'*intuitu personae, s*ont composées d'associés qui se connaissent et se font confiance.

Dans la société en nom collectif, société de personne par excellence, tous les associés sont commerçants et sont tenus solidairement et indéfiniment des dettes sociales[415]. En cela que c'est la qualité d'associé qui y accorde celle de commerçant, chaque associé doit avoir la capacité d'être commerçant pour intégrer cette forme de société. Par ailleurs, le capital social est divisé en parts sociales qui ne peuvent être cédées qu'avec le consentement unanime des associés[416].

Ces exigences s'ajoutent aux règles organisant la gérance et la continuation de la société en cas de décès d'un associé[417] pour finir par installer une véritable incompatibilité avec les règles qui gouvernent le *crowdequity*.

199.- Dans les sociétés de capitaux, les mesures de contrôle interne doivent toutefois être conjuguées avec des mesures externes, des obligations à la charge des plateformes. Par exemple, en France, pour ce qui concerne le financement participatif sous forme de titres financiers, l'ordonnance crée un nouveau statut de conseiller en investissements participatifs et prévoit des règles de compétence et d'honorabilité pour les dirigeants. Elles sont également soumises à des règles de bonne conduite dans la délivrance des conseils qu'elles fournissent à leurs clients, notamment en matière de présentation des risques, de réalisation de tests d'adéquation, de transparence sur les prestations fournies aux émetteurs et les frais perçus ainsi qu'à une obligation de gestion des conflits d'intérêts. Ces professionnels sont également soumis aux dispositions du Code monétaire et financier pour ce qui concerne le démarchage bancaire, les obligations relatives à la lutte contre le blanchiment et le financement des activités terroristes[418].

---

414 Il existe deux sociétés de personnes, à savoir, la société en nom collectif (SNC) et la société en commandite simple (SCS).

415 Art. 270 AUSCGIE.

416 Art. 274 AUSCGIE. Les statuts peuvent, cependant, aménager une procédure de rachat pour permettre le retrait de l'associé cédant.

417 C. A. W. NDIAYE, Droit des sociétés de capitaux, op. cit., p. 50 et s.

418 Rapport au Président de la République relatif à l'ordonnance n° 2014-559 du 30 mai 2014 relative au financement participatif, JORF n° 0125 du 31 mai 2014.

L'ORGANISATION DU SÉJOUR DANS LA SOCIÉTÉ

200. « Se lancer dans une aventure entrepreneuriale n'est jamais chose aisée. Elle se révèle être, bien souvent, une expérience complexe et stimulante. Fonder sa structure, s'associer, organiser le capital, l'actionnariat, la distribution des bénéfices ou le refinancement de l'entreprise, garantir le contrôle ou prévoir sa transmission sont autant d'éléments cruciaux dans la vie d'une société. Le pacte d'actionnaire est un instrument essentiel pour construire cette ambition »[419].

Aux termes de l'article 2-1 AUSCGIE, les associés peuvent conclure des conventions extrastatutaires en vue notamment d'organiser, selon des modalités qu'ils ont librement arrêtées :

- les relations entre associés ;
- la composition des organes sociaux ;
- la conduite des affaires de la société ;
- l'accès au capital social ;
- la transmission des titres sociaux.

Ces conventions extrastatutaires sont communément appelées « pactes d'actionnaires ». Le pacte d'actionnaires est un contrat écrit, modifiable par avenant à l'unanimité, signé entre les actionnaires et les investisseurs de l'entreprise, qui complète les statuts de la société et a pour but de garantir des droits aux signataires et de définir leurs engagements, en fonction des clauses qu'il contient. Il pose les règles du jeu relatives aux relations entre les principaux actionnaires en termes de répartition des pouvoirs, de protection des minoritaires et d'évolution de l'actionnariat. Le pacte vise ainsi à organiser la coopération des actionnaires pour un temps limité[420]. En effet, quand

---

[419] Gh. BOUILLET-CORDONNIER et autres, *Pactes d'actionnaires et privilèges statutaires*, éd. EFE, 2020, p. 11.

[420] Quand un investisseur rentre dans une société, ce n'est pas seulement pour toucher des dividendes, c'est aussi pour en sortir à un moment donné.

un investisseur rentre dans une société, ce n'est pas seulement pour toucher des dividendes, c'est aussi pour en sortir à un moment donné.

201.- Les pactes d'actionnaires sont un savant équilibre entre exhaustivité et souplesse et se caractérisent par leur objet, qui touche soit au fonctionnement de la société dont les cocontractants sont membres, soit à l'exercice de leurs droits sociaux. En effet, ils traduisent une volonté d'anticiper de nombreuses situations sans, pour autant, enfermer la société dans un périmètre de rigidité qui serait préjudiciable. Manifestation de la contractualisation du droit des sociétés, ils sont une réponse apportée par la pratique « aux besoins d'associés souhaitant aménager la réglementation applicable à leur société, perçu comme contraignante et peu adaptée à leurs objectifs entrepreneuriaux »[421].

Ils devront, à ce titre, respecter les dispositions légales impératives du droit des sociétés, et plus généralement l'ordre public propre au droit des sociétés, lequel tend notamment à protéger l'ordre social. L'« impérialisme statutaire »[422] se manifeste à la fois par l'existence d'un domaine réservé aux statuts, ce qui signifie que parfois, l'accord de volonté des associés ne peut être localisé que dans les documents statutaires, et par une emprise des stipulations statutaires sur les conventions extérieures. Dans le respect de l'ordre public statutaire, l'imaginaire des parties devra leur permettre une bonne gestion du capital par des clauses relatives à la gestion de la société, à la composition de son actionnariat et à la sortie d'un actionnaire. Leur rédaction nécessite une excellente technique juridique et une vision économique stratégique.

202.- Dans un certain nombre de cas, les clauses peuvent être inscrites aussi bien dans les statuts que dans un pacte d'actionnaires. Du fait de son caractère extrastatutaire, le pacte d'actionnaires présente cependant une certaine souplesse que l'on ne retrouve pas dans les statuts. Il ne répond d'ailleurs pas aux mêmes finalités que les statuts qui ont pour rôle d'organiser le fonctionnement de la société pour toute la durée de sa vie.

---

[421] Gh. BOUILLET-CORDONNIER et autres, *Pactes d'actionnaires et privilèges statutaires*, op. cit., p. 15.

[422] D. VELARDOCCHIO-FLORES, *Les accords extrastatutaires entre associés*, PUAM, 1993, n°58.

203.- Contracter, c'est prévoir. Le contrat est un pari sur l'avenir. La rédaction du contrat pose ainsi l'impératif de sécurité, car le futur est parsemé de zones d'ombre.

Quelle que soit la forme juridique de la société ou sa taille, le pacte d'actionnaires offre l'occasion de prendre en compte les intérêts immédiats ou différés des parties et les évolutions futures de leur participation[423]. Avec les actions de préférence[424] et les avantages particuliers[425], il permet à la société d'être un terrain fertile pour des associés-investisseurs[426].

Pour les pactes d'actionnaires, le droit commun des contrats offre des mécanismes pouvant permettre un contrôle du capital pour éviter sa dilution, mais aussi assurer la liquidité de l'entreprise. La liquidité d'un placement financier exprime sa capacité à être « converti » en monnaie et celle d'une société, sa faculté de pouvoir être achetée ou vendue facilement.

Exemples de clauses

204.- La ***clause de non-dilution*** pourra garantir un actionnaire contre une dilution de sa participation dans la société. Ainsi, l'actionnaire majoritaire s'engage, en cas d'augmentation de capital, à réserver une partie de l'augmentation de capital au bénéficiaire de la clause afin qu'il puisse maintenir, s'il le souhaite, sa quote-part dans le capital, surtout que dans une SA, l'assemblée qui décide une augmentation de capital peut en effet supprimer le droit préférentiel de souscription.

205.- Par la ***clause de pari passu***, les dirigeants fondateurs et les autres associés s'engagent à faire en sorte que les titres souscrits par les associés-investisseurs bénéficient, a minima, dans le cadre de toute opération financière, des mêmes droits particuliers que ceux qui seraient éventuellement attachés aux titres créés dans le cadre de dite opération[427].

---

[423] Gh. BOUILLET-CORDONNIER et autres, *Pactes d'actionnaires et privilèges statutaires*, op. cit., p. 13.

[424] Supra n° 188 et s.

[425] Supra n° 188 et s.

[426] Supra n° 189.

[427] Gh. BOUILLET-CORDONNIER et autres, *Pactes d'actionnaires et privilèges statutaires*, op. cit., p. 215.

206.- Pour contrôler l'entrée de nouveaux investisseurs, il serait préférable que le pacte contienne une ***clause d'agrément***. En effet, dans une société dont les actions ne sont pas admises à la négociation sur une bourse des valeurs, il peut être stipulé dans les statuts que la transmission d'actions à un tiers étranger à la société, soit à titre gratuit soit à titre onéreux, est soumise à l'agrément du Conseil d'administration ou de l'Assemblée générale ordinaire des actionnaires[428].

Malgré leur utilité certaine, les clauses d'agrément ne sont pas toujours suffisantes. Elles ne protègent pas contre les risques de trahison ou de renversement d'alliances au sein même du cercle des associés en cela qu'elles laissent entièrement libres les cessions entre actionnaires[429]. Une telle lacune pourrait être comblée par l'existence d'un droit de préemption. En effet, il peut être stipulé dans les conventions extrastatutaires que tout actionnaire qui entend céder tout ou partie de ses actions est tenu de le notifier à un ou plusieurs autres actionnaires, qui peuvent faire connaître au cédant qu'ils exercent un droit de préemption aux prix et conditions qui lui ont été notifiés. La ***clause de préemption*** donne donc la faculté à son bénéficiaire d'augmenter sa participation actuelle dans la société en se portant acquéreur des actions en passe d'être cédées.

Le droit de préemption est un droit personnel[430] qui donne à une personne la faculté de se porter acquéreur d'un bien de préférence à toute autre. Il relève de la loi ou de la volonté des parties. Le droit de préemption d'origine conventionnelle résulte du pacte de préférence[431].

Il n'est pas dans la nature du pacte de préférence de prédéterminer le prix du contrat envisagé ni de stipuler un délai[432].

En cas de droit de préemption, le promettant est tenu de faire connaître au bénéficiaire sa décision d'aliéner et les conditions du contrat qu'il projette de passer avec un tiers. Cette offre de vente résultant de la déclaration d'intention d'aliéner constitue, jusqu'à son

---

[428] Art. 765-3 AUSCGIE.

[429] Rev. Sociétés, 1976.332, obs. Hémard, D. 1977.455, note Bousquet ; RTD com., 1976.533, obs. Houin ; JCP 1976.II.18406, note Rabut ; RJC, 1977.178, note Chartier.

[430] Droit français. Cass. civ. 1re, 16 juillet 1985, Bull. civ. I, n° 224, p. 201.

[431] Art. 319 COCC.

[432] Droit français. Cass. civ. 1re, 6 juin 2001, Bull. civ. I, n° 166.

acceptation par le titulaire du droit de préemption, une simple pollicitation qui peut être rétractée unilatéralement[433].

Dans le cas où une clause de préemption est stipulée dans les statuts, toute cession d'actions réalisée en violation du droit de préemption est nulle. Si la clause de préemption est stipulée dans les conventions extrastatutaires, toute cession d'actions réalisée en violation est nulle dès lors qu'il est démontré que l'un des bénéficiaires en avait connaissance ou ne pouvait en ignorer l'existence[434]. Aujourd'hui que l'analyse économique du droit a fini de nous montrer que la violation efficace du contrat est une réalité du monde des affaires, il est permis de s'interroger sur l'efficacité de la sanction prévue par le droit OHADA. L'effet normal d'un contrat est d'être exécuté. La recherche de l'exécution du contrat doit être le fondement de toute action. Une relecture du régime des pactes de préférence semble permettre de dépasser la nullité du contrat passé.

En droit sénégalais, le pacte de préférence est soumis aux règles des promesses de vente. L'assimilation[435] n'est cependant pas totale. En effet, outre le fait que toutes les promesses ne soient pas soumises aux mêmes règles par rapport à leurs conditions et effets, le pacte de préférence n'a pas la même nature juridique. Il n'est ni une vente, ni une promesse de vente, encore moins une promesse conditionnelle de vente[436]. Le renvoi de l'article 319 COCC doit donc être apprécié beaucoup plus par rapport aux effets de la violation des promesses de vente. Aux termes des dispositions de l'article 326 COCC sur la violation d'une promesse de vente, si malgré sa promesse, le promettant a vendu la chose à un tiers, le bénéficiaire peut lui réclamer des dommages et intérêts ; il ne peut poursuivre l'annulation du contrat contre le tiers acquéreur que s'il établit la mauvaise foi de ce dernier au moment de l'acquisition. Et l'article 320 COCC semble permettre l'exécution du pacte de préférence violé par le promettant. En effet, la déclaration du promettant, étant une offre, devient une information objective détachée de sa personne. Même si elle a été adressée à un autre, son extériorisation doit suffire pour attendre une acceptation du

---

433 Droit français. Cass. civ. 3e, 17 septembre 2014, n° 13-21.824, D. 2015, p. 529, obs. Amrani-Mekki, Mekki.

434 Art. 771-3 AUSCGIE.

435 Art. 319 COCC.

436 L. SIDIME et autres, « De quelques contrats spéciaux », in A. K. BOYE (dir.), Encyclopédie juridique de l'Afrique, t. 9, Droit des contrats et responsabilité civile, Nouvelles éditions africaines, p. 49.

bénéficiaire de la promesse. En d'autres termes, le contrat avec le tiers étant annulé, la déclaration du promettant, offre de contracter, doit être considérée comme devant pouvoir le lier à l'égard du bénéficiaire. En disposant que « le promettant est tenu de faire connaître au bénéficiaire sa décision d'aliéner et les conditions du contrat qu'il projette de passer avec un tiers », l'article 320 ne mérite pas une lecture restrictive. Dans son esprit, il exige de la part du promettant le respect de la parole donnée. Son interprétation doit alors être innervée par une telle considération. Le législateur exige du promettant qui veut contracter de respecter la limitation à la liberté de choisir son cocontractant qu'il s'était lui-même imposé. Or, en contractant avec un tiers, sans conteste, le promettant manifeste cette volonté d'entrer en relation contractuelle. Ainsi, lui faire respecter sa parole par une possibilité donnée au bénéficiaire de pouvoir saisir l'offre nous paraît en parfaite cohérence avec l'esprit du législateur, mais aussi avec les règles qui gouvernent le droit des contrats.

Droit français. Le bénéficiaire d'un pacte de préférence est en droit d'exiger l'annulation du contrat passé avec un tiers en méconnaissance de ses droits et d'obtenir sa substitution à l'acquéreur, à la condition que ce tiers ait eu connaissance, lorsqu'il a contracté, de l'existence du pacte de préférence et de l'intention du bénéficiaire de s'en prévaloir[437].

207.- L'entrée dans une société peut être faite sous la condition d'une **obligation de non-concurrence**. L'associé d'une société n'est pas tenu, ès qualités, d'une obligation de non-concurrence[438]. Mais pour le juge français, la clause de non-concurrence prévue à l'occasion de la cession de droits sociaux est licite à l'égard des actionnaires qui la souscrivent dès lors qu'elle est limitée dans le temps et dans l'espace et proportionnée aux intérêts légitimes à protéger ; sa validité n'est subordonnée à l'existence d'une contrepartie financière que dans le cas où ces associés ou actionnaires avaient, à la date de leur engagement, la qualité de salariés de la société qu'ils se sont engagés à ne pas

---

[437] Cass. ch. mixte, 26 mai 2006, Bull. civ., ch. mixte, n° 4.

[438] « Sauf stipulation contraire, l'associé d'une SARL n'est pas, en cette qualité, tenu de s'abstenir d'exercer une activité concurrente de celle de la société », droit français, Cass. Com., 15 novembre 2011 n° 10-15.049 ; Cass. Com., 19 mars 2013 n° 12-14.407. Aussi, Cass. Com., 10 septembre 2013, n° 12-23.888 : « Sauf stipulation contraire, l'associé d'une société par actions simplifiée n'est pas, en cette qualité, tenu de s'abstenir d'exercer une activité concurrente de celle de la société et doit seulement s'abstenir d'actes de concurrence déloyale ».

concurrencer[439]. La Chambre commerciale s'aligne ainsi sur la position de la Chambre sociale concernant les salariés[440].

208.- Plusieurs clauses ont pour objet de faciliter la sortie d'un associé de la société, que ce soit sur l'initiative de l'associé sortant ou de façon forcée. Par exemple, la ***clause de sortie alternative*** (également appelée clause de sortie prioritaire ou de sortie conjointe) permet à un associé de céder ses droits sociaux à l'occasion de la sortie d'un autre associé. La validité d'une clause de sortie conjointe reposant sur une promesse de porte-fort n'impose pas la connaissance de l'identité du tiers ni un prix déterminé ou déterminable. Si la ratification est refusée, celui qui s'est porté fort pour autrui est tenu de réparer le préjudice résultant de l'inopposabilité du contrat[441]. Cependant, rien ne semble interdire que la clause puisse prévoir que si le tiers ne se porte pas acquéreur, l'associé qui s'est porté fort soit tenu de racheter les droits sociaux du bénéficiaire de la clause.

209.- Certaines clauses ont pour finalité de remédier à la mésentente entre associés. Il en est ainsi de la ***clause d'exclusion*** et la ***clause d'offre alternative***. L'objectif avec la clause d'offre alternative est qu'en cas de désaccord, que l'une des parties en conflit sorte de la société en vendant toutes les actions qu'elle y détient. Avec cette clause, chacun des associés impliqués dans le désaccord se voit reconnaître la

---

[439] Cass. Com., 8 octobre 2013, n° 12-25.984, D. Pour des auteurs, cet arrêt « est loin d'être anecdotique puisque la Haute cour vient à cette occasion lever le trouble, né d'un arrêt ambigu du 15 mars 2011 » ; A. ALBARIAN et autres, Droit commercial – Sociétés commerciales 2014 – un an de jurisprudence commentée, éd. Lamy, 2014, p. 37. En effet, dans la décision de 2011 (Cass. com., 15 mars 2011, n° 10-13.824, Bull. civ. 2011, I, n° 39), la Cour considérait que « lorsqu'elle a pour effet d'entraver la liberté de se rétablir d'un salarié, actionnaire ou associé de la société qui l'emploie, la clause de non-concurrence signée par lui n'est licite que si elle est indispensable à la protection des intérêts légitimes de l'entreprise, limitée dans le temps et dans l'espace, qu'elle tient compte des spécificités de l'emploi du salarié et comporte l'obligation pour la société de verser à ce dernier une contrepartie financière, ces conditions étant cumulatives ».

[440] Pour la chambre sociale (Cass. soc., 10 juillet 2002, n° 00- 45.135), pour être valable, la clause de non-concurrence doit remplir les conditions cumulatives suivantes : être limitée à la fois dans le temps et dans l'espace, être indispensable à la protection des intérêts légitimes de l'entreprise, tenir compte des spécificités des fonctions exercées par le salarié, et prévoir le versement d'une contrepartie financière par l'employeur au profit du salarié. La nécessité de subordonner la validité de la clause de non-concurrence à la stipulation d'une contrepartie pécuniaire n'est donc posée que dans l'hypothèse où l'associé est un salarié.

[441] Art. 56 COCC.

faculté de proposer à l'autre le rachat de ses titres avec un prix déterminé. L'associé sollicité a une option. Il achète les titres au prix proposé ou vend ses propres droits sociaux à ce même prix.

210.- La **promesse unilatérale de vente**[442] et la **promesse unilatérale d'achat**[443] peuvent aussi être utilisées pour organiser les relations entre associés.

211- On a aussi la ***clause de ratchet***. C'est une garantie de valeur qui permet de se prémunir contre une baisse de valorisation de la société. Elle permet d'ajuster automatiquement à la hausse le pourcentage de détention du capital obtenu, et ce, proportionnellement à la baisse de valeur.

Le pacte d'actionnaire est ainsi une soupape de sécurité offerte aux épargnants pour protéger leurs investissements et ainsi faire face aux aléas du monde des affaires.

212.- Dans le cas où une ***clause d'inaliénabilité*** est stipulée dans les statuts, toute cession d'actions réalisée en violation de cette clause est nulle. Si la clause d'inaliénabilité est stipulée dans les conventions extrastatutaires, toute cession d'actions réalisée en violation de cette clause est nulle dès lors qu'il est démontré que l'un des cessionnaires en avait connaissance ou ne pouvait en ignorer l'existence[444].

Les clauses d'inaliénabilité affectant des actions ne sont valables que si elles prévoient une interdiction d'une durée inférieure ou égale à dix (10) ans et qu'elles sont justifiées par un motif sérieux et légitime[445].

213.- La pratique connaît aussi la ***clause d'inacquérabilité***. Elle vise à interdire à un associé d'acquérir des droits sociaux supplémentaires. Atteinte à la liberté, cette clause devrait respecter les conditions de validité de la clause d'inaliénabilité.

L'interdiction d'acquérir peut ne s'appliquer qu'à partir d'un pourcentage déterminé de participation.

---

[442] Art. 324 et s. COCC.
[443] Art. 327 et s. COCC.
[444] Art. 765-2 AUSCGIE.
[445] Art. 765-1 AUSCGIE.

CHAPITRE 6

LE RECEPISSE D'ENTREPOT

Le récépissé d'entrepôt constitue, pour les opérateurs économiques, un moyen d'accès aux financements des établissements de crédit et des systèmes financiers décentralisés, à l'image de la lettre de change, du billet à ordre ou du bordereau de gage de stocks. Il peut, également, servir de sûreté aux fins de garantir les financements accordés.

Fonds de garantie des investissements prioritaires (FONGIP), Fonds Souverain d'Investissements Stratégiques (FONSIS), Délégation générale à l'Entreprenariat Rapide des Femmes et des Jeunes (DER/FJ), Fonds de garantie des projets artisanaux, Fonds national de promotion de l'entreprenariat féminin, Crowdfunding, ..., malgré ces efforts considérables, l'accès au financement figure encore parmi les principales contraintes rencontrées par les acteurs économiques dans l'exercice de leurs activités. L'intervention des banques et des IMF restent encore très marginales dans beaucoup de domaines. Par exemple, en 2017, en ce qui concerne l'agriculture, c'est moins de 5% des prêts consentis qui étaient destinés à cet important secteur de l'économie[446]. L'absence de garanties reste le principal obstacle. Elle a justifié le rejet de près de 80% des demandes de crédits bancaires.

C'est pour pallier cette insuffisance qu'a été adoptée la loi n° 2017-29 du 14 juillet 2017 portant Système de Récépissé d'Entrepôt de stockage de marchandises au Sénégal. C'est un dispositif d'appui qui a fait ses preuves dans plusieurs pays, tels que l'Inde, les États-Unis d'Amérique ou l'Éthiopie.

Le Système de Récépissé d'Entrepôt (SRE) favorise la mise en place, au niveau national, d'entrepôts de marchandises de toute nature, répondant aux standards internationaux. En ce sens, la loi définit le cadre légal et les conditions d'ouverture, de fonctionnement et de cessation d'activité desdits entrepôts. Elle est le vecteur d'un dispositif national de régulation, de gestion et de détention des productions agricoles et industrielles qui allie, à la fois, sûreté et sécurité et offre des possibilités de mobilisation de ressources et de financement des activités agricoles et commerciales aux opérateurs économiques.

L'aménagement d'un régime d'agrément et la consécration d'un récépissé d'entrepôt constituent la pierre angulaire du dispositif.

Titre de propriété représentatif des marchandises en dépôt, le récépissé d'entrepôt est négociable ou non négociable et peut se présenter sous format papier ou électronique. Il est appelé à être un instrument de crédit et de garantie à la disposition de tout utilisateur du SRE.

Le SRE se positionne ainsi en réponse à la nécessaire inclusion financière en milieu rural. Il peut aussi être un tremplin dans le cadre

---

446 Loi n° 2017-29 du 14 juillet 2017 portant Système de Récépissé d'Entrepôt de stockage de marchandises au Sénégal.

de l'exploitation des ressources naturelles du pays. En effet, il offre une marge de flexibilité dans les décisions de commercialisation des produits en favorisant l'accès à un crédit auprès d'une institution formelle de crédit ainsi qu'à des infrastructures sécurisées de stockage. Au lieu de vendre leurs productions pour répondre à leurs besoins immédiats de liquidités, les opérateurs économiques peuvent les stocker et les utiliser comme garantie en échange d'un prêt, puis reporter la vente à une date ultérieure, lorsque les prix sont censés être plus élevés.

Le récépissé d'entrepôt peut circuler[447]. A l'image de la lettre de change, du billet à ordre ou du bordereau de gage de stock, il constitue un moyen d'accès au financement pour les opérateurs économiques.

Par ailleurs, par le mécanisme de l'agrément, le SRE permet de minimiser les risques qui ont longtemps justifié les réticences des institutions de financement par rapport à la tierce détention.

De par la loi n° 2017-29, la pratique du financement s'enrichit d'un nouveau moyen pour mobiliser des ressources financières mais aussi annihiler les risques de la tierce détention.

---

[447] Art. 6 de la loi n° 2017-29.

LE RECECIPISSE D'ENTREPOT, UN MOYEN POUR MOBILISER DES RESSOURCES FINANCIERES

L'endossement est le vecteur de la mobilisation des ressources financières dans le cadre du récépissé d'entrepôt. Il inclut la délivrance du récépissé au détenteur ou la simple remise, en cas de récépissé au porteur.

Obéissant aux conditions classiques de l'endossement[448], il devient un moyen de financement lorsqu'il est translatif de propriété ou effectué à titre de garantie.

Paragraphe 1 : L'endossement translatif du récépissé d'entrepôt

L'opérateur économique a la possibilité de céder le récépissé d'entrepôt. Il peut transférer la propriété à un banquier, par exemple, qui en avance immédiatement le montant et devient propriétaire du titre et des marchandises. Le cultivateur qui a déposé ses marchandises peut ainsi en tirer une somme intéressante à un moment où le prix sur le marché desdits produits est relativement plus faible. Mais encore faudrait-il que la négociation soit régulière. Le transfert par négociation irrégulière d'un récépissé d'entrepôt négociable est considéré comme nul.

Le cessionnaire acquiert, par ailleurs, le droit d'obliger l'entreposeur à conserver ou à livrer les marchandises selon les conditions définies sur le récépissé d'entrepôt, sans s'exposer à des réclamations de l'entreposeur autres que celles fondées sur le récépissé d'entrepôt.

---

[448] Art. 46 de la loi n° 2017-29.

Malgré son rapprochement possible avec le bordereau de gage de stocks[449], l'endossement translatif du récépissé d'entrepôt offre beaucoup plus de sécurité au cessionnaire. Contrairement au débiteur émetteur du bordereau de gage de stocks qui conserve le droit de vendre les stocks gagés[450], le cédant n'est plus propriétaire des marchandises. Cela devrait renforcer la confiance dans les effets juridiques des récépissés pour améliorer leur intérêt commercial et favoriser leur échange.

L'endossement translatif du récépissé d'entrepôt présente d'importants points de convergence avec celui du récépissé warrant organisé par le code des obligations civiles et commerciales (COCC). En effet, concernant l'entreposage, l'exploitant des magasins généraux doit délivrer à chaque déposant un récépissé énonçant le nom, la profession, le domicile du déposant ainsi que la nature de la marchandise déposée et les indications propres à en établir l'identité et à en déterminer la valeur. A chaque récépissé est annexé, sous le nom de warrant, un bulletin de gage contenant les mêmes mentions[451]. Cependant, même si elle est régie par les règles relatives à la circulation des effets de commerce, la transmission des récépissés et des warrants se fait ensemble ou séparément. En d'autres termes, l'opérateur peut décider d'endosser le warrant seulement en vue d'un gage. Lorsque le récépissé a été endossé, l'exploitant ne peut remettre la marchandise qu'à l'endossataire[452].

La négociation du récépissé d'entrepôt négociable est régulière, lorsque ce dernier est transféré à un détenteur qui l'acquiert de bonne foi et moyennant contre-prestation, sans avoir reçu avis des moyens de défense ou des revendications de quiconque relativement audit récépissé d'entrepôt, sauf s'il est établi que la négociation n'a pas eu lieu dans le cours normal des affaires ou du crédit.

La connaissance par l'acheteur d'un gage ou d'une charge grevant les marchandises et régulièrement inscrite, ne rend pas la négociation irrégulière.

---

449 La constitution d'un gage de stocks sans dépossession peut donner lieu à l'émission par le greffier, ou par le responsable de l'organe compétent dans l'Etat Partie, d'un bordereau de gage de stocks ; v. art. 121 AUS.

450 A noter qu'il ne peut livrer les biens vendus qu'après consignation du prix auprès de l'établissement domiciliataire.

451 Art. 523 COCC.

452 Art. 524 COCC.

Le récépissé d'entrepôt électronique non négociable peut circuler par cession.

Le transfert de la propriété du récépissé n'épuise pas le périmètre de mobilisation des ressources financières.

Paragraphe 2 : L'endossement du récépissé à titre de garantie

L'endossement du récépissé à titre de garantie épouse les contours du warrantage. Il permet aux agriculteurs de mettre de côté leurs récoltes, de les soustraire aux pressions sociales, d'obtenir un crédit pendant la saison creuse, et de commercialiser leurs cultures à un meilleur prix[453]. Au lieu de vendre leurs récoltes pour répondre à leurs besoins immédiats de liquidités, ils peuvent les stocker et les utiliser comme garantie en échange d'un prêt, puis reporter la vente à une date ultérieure, lorsque les prix sont censés être plus élevés. Un véritable crédit-stockage est ainsi installé.

A la différence de l'endossement translatif, le titulaire du récépissé d'entrepôt négociable confère un droit de gage sur les marchandises en négociant à titre de garantie le récépissé. Il sera alors question d'un gage avec dépossession.

Les droits acquis par le créancier en vertu du gage ne sont pas invalidés par la remise antérieure des marchandises par l'entreposeur et ne sont pas réduits, même si une personne a été privée de la possession du récépissé d'entrepôt négociable tangible ou du contrôle du récépissé d'entrepôt négociable électronique par fausse déclaration, fraude, accident, erreur, contrainte, perte, vol ou appropriation illicite. La règle s'applique aussi aux cas où les marchandises ou le récépissé d'entrepôt ont déjà fait l'objet d'une vente, d'une cession ou d'un gage.

L'inopposabilité des droits résultant du récépissé d'entrepôt est envisagée à l'égard de la personne qui, ayant un droit sur les marchandises avant l'émission du titre, n'a pas remis ou confié la garde desdites marchandises au déposant ou au préposé de ce dernier, avec pouvoir effectif ou apparent pour celui-ci de les stocker ou de les vendre. C'est aussi le cas, si elle n'a pas donné son accord pour que le

---

[453] J. Coulter Consulting Ltd. Sullivan & Worcester UK LLP, Etude sur les systèmes d'entreposage et de tierce détention adaptés à l'Afrique sub-saharienne, vol. 1, Centre technique de coopération agricole et rurale (CTA), 2014, p. 53.

déposant ou son représentant obtienne, de la part de l'entreposeur, l'émission d'un récépissé d'entrepôt.

L'évaluation d'impact menée dans l'Ouest du Burkina Faso montre que le crédit-stockage accroit la disponibilité alimentaire en période de soudure et qu'il renforce l'investissement et la production agricole[454].

Au Sénégal, en 2010, le Gret et Enda Graf, en collaboration avec l'Association des agriculteurs de la région de Kaolack (ADAK) et à une institution de microfinance, l'Union des institutions mutualistes communautaires d'épargne et de crédit (U-IMCEC), ont décidé de mettre en œuvre un test de crédit-stockage (ou warrantage) pour rompre le cercle vicieux de l'endettement en période de soudure. En 2011, 68 ménages ont mis 38 tonnes de mil en stock et reçu 3 millions de FCFA de crédit avec un taux d'intérêt annuel de 12 %[455]. Plus de 80 % de ces céréales, de qualité reconnue, ont été vendues à des transformatrices de Dakar, à raison de 165 FCFA le kg, alors que le prix de valorisation à la mise en stock était de 125 FCFA. Les producteurs ont donc réalisé une marge brute de 40 FCFA par kg warranté[456].

Cependant, comme en atteste le rapport d'évaluation d'impact dans le cadre du programme pilote du système de récépissé d'entrepôt de marchandises dans la vallée du fleuve Sénégal[457], il faut que les coûts d'entreposage et de crédit ne dépassent pas la valeur ajoutée apportée par le stockage. En d'autres termes, les coûts de la transaction doivent être minimisés et les prix dans la période post-récolte optimisés.

Endossement translatif ou à titre de garantie, le récépissé d'entrepôt ne peut efficacement assurer sa mission de mobilisation des ressources sans un renforcement de la confiance des dispensateurs de crédit par rapport à la tierce détention.

---

454 T. LE COTTY et autres, « Le warrantage, un dispositif pour améliorer la sécurité alimentaire en Afrique subsaharienne », Perspective, 2023, 61, p. 1.

455 Ce taux, très inférieur à celui imposé aux agriculteurs familiaux par les systèmes financiers décentralisés.

456 https://www.alimenterre.org/warrantage-pour-securiser-et-valoriser-les-cereales; consulté le 23 juillet 2024.

457 A. GUIGONAN SERGE et autres, Programme Pilote du Système de Récépissé d'Entrepôt de Marchandises dans la Vallée du Fleuve Sénégal, Rapport d'évaluation d'impact, 24 juin 2019, https://documents1.worldbank.org/curated/en/470921563516905203/pdf/Implementing-Effective-Warehouse-Receipt-Financing-Systems-Lessons-from-a-Pilot-WRS-Project-in-the-Senegal-River-Valley.pdf; consulté le 23 juillet 2024.

LE RECEPISSE D'ENTREPOT, UN MOYEN POUR ANNIHILER LES RISQUES DE TIERCE DETENTION

Élément essentiel pour assoir la confiance des dispensateurs de crédit dans le cadre de la circulation du récépissé d'entrepôt, la tierce détention n'en demeure pas moins être à risque. La réglementation s'est employée à annihiler de tels risques par une sécurisation de l'entreposage et des droits qui portent sur les marchandises.

Paragraphe 1 : La sécurisation de l'entreposage

La politique de sécurisation de l'entreposage n'est pas nouvelle en droit sénégalais[458]. L'avantage de la loi de 2017 portant Système de Récépissé d'Entrepôt se trouve dans la définition d'un cadre légal et des conditions d'ouverture, de fonctionnement et de cessation d'activité desdits entrepôts, et par l'aménagement d'un régime d'agrément qui constitue la pierre angulaire du dispositif.

L'exploitant d'une installation à usage d'entrepôt ne peut émettre des récépissés d'entrepôt et qualifier son installation d'entrepôt SRE qu'après l'obtention préalable d'un agrément délivré par l'Organe de Régulation du Système de Récépissé d'Entrepôt (ORSRE), institué par la loi de 2017[459].

A la demande d'un entreposeur, l'Organe de Régulation désigne les infrastructures, équipements ou les autres lieux clôturés, protégés, comme Entrepôts agréés en vertu de la loi. Dans la désignation des Entrepôts agréés, l'Organe de Régulation classe les Entrepôts désignés dans une des catégories prévues dans le cahier des charges et, conformément aux conditions requises ou aux normes prescrites.

---

458 Art. 520 et s. COCC.

459 L'Organe de Régulation est une autorité administrative indépendante dotée de la personnalité juridique et de l'autonomie de gestion, rattaché au Ministère chargé du Commerce ; v. art. 3 de la loi n° 2017/29.

L'entreposeur agréé, indique à un endroit placé bien en vue sur l'un des murs de l'entrepôt ou à proximité, les mots suivants : « ENTREPÔT AGREE SRE ».

L'agrément est accordé pour une durée de quatre années renouvelable, sur demande.

Avant d'accorder un agrément, l'Organe de Régulation s'assure de l'existence d'un entrepôt prévu à cet effet, de la conformité de celui-ci aux normes minimales prescrites par l'Organe de Régulation, de la souscription d'une police d'assurance[460], de la capacité financière et de la capacité à délivrer une caution en faveur d'un établissement de crédit[461] et, plus généralement, de l'importance des actifs nets du demandeur[462]. En outre, l'Organe de Régulation vérifie, par tout moyen, la probité morale du demandeur et ses compétences.

Le dispositif mis en place est ainsi une réponse à la hauteur du « risque tiers détenteur ». En effet, incontestablement, le comportement de l'entrepositaire influence la confiance des bailleurs. Il peut, par exemple, ne pas donner une situation réelle sur le stock ou ne pas disposer de moyens conséquents pour le sécuriser. En connivence avec le tiers détenteur, le débiteur peut aussi faire une surfacturation à l'acquisition du stock ou gonfler sa consistance.

Un entreposeur ne peut émettre un récépissé d'entrepôt qu'après la réception effective des marchandises au lieu d'entreposage. En outre, entre autres informations, le récépissé porte une déclaration par le déposant selon laquelle les marchandises sont libres de tout gage et ne font l'objet d'aucune clause de réserve de propriété, ainsi qu'en atteste le numéro et la date du certificat de non inscription délivré par le greffe en charge du Registre du Commerce et du Crédit Mobilier compétent.

L'entreposeur est responsable, en bon père de famille, dans la limite de la quantité reçue, de la garde et de la conservation des marchandises qui lui sont confiées. Il est tenu pour toute perte ou dommage causé aux

[460] Elle couvre tous les risques liés à la détention des marchandises dans l'entrepôt, notamment, les pertes par incendie, explosion, risque de fraude des employés, cambriolage, vol et tout autre dommage prescrit par l'Organe de Régulation.

[461] Le demandeur d'un agrément d'entreposeur produit un cautionnement ou une garantie autonome contre tout dommage, délivré par un établissement de crédit ou une compagnie d'assurance.

[462] Un agrément peut, exceptionnellement, être accordé à un entreposeur sans référence spécifique à un entrepôt, sous réserve que, dans un délai de deux ans, il dispose d'un entrepôt dont il est propriétaire ou locataire.

marchandises résultant du défaut de la conservation de ces dernières. Sa responsabilité n'est écartée qu'en cas de force majeure ou de stipulations prévues dans le contrat d'entreposage.

En cas de suspension ou de retrait de l'agrément d'un entreposeur, l'Organe de Régulation prend toutes les dispositions utiles aux fins de contrôler l'entrepôt et les opérations de l'entreposeur.

Après avoir été informé de l'insolvabilité, de la suspension ou du retrait de l'agrément de tout entreposeur, les déposants et les autres titulaires de droits sur les marchandises ont le droit de récupérer leurs marchandises dans un délai de trente jours, sans avoir à payer de pénalité à l'entreposeur pour leur retrait anticipé.

Par ailleurs, l'Organe de Régulation définit la forme des récépissés d'entrepôt. Cela permet d'éviter les risques de fraude qui pourraient les décrédibiliser.

Chaque entreposeur agréé dépose auprès de l'Organe de Régulation les noms, prénoms et les spécimens de signature de toute personne autorisée à administrer les carnets de récépissés de l'entrepôt. Toute modification à ces autorisations est immédiatement portée à l'attention de l'Organe de Régulation.

Paragraphe 2 : La sécurisation des droits portant sur les marchandises

L'entreposeur livre les marchandises à la personne habilitée, en vertu du récépissé d'entrepôt. Si, seule une partie des marchandises représentées par un récépissé est livrée, le récépissé d'entrepôt original est annulé par l'entreposeur. Celui-ci en émet un nouveau couvrant le reste ou la partie non livrée des marchandises. Le nouveau récépissé comporte la mention « observation » ainsi qu'un numéro de série désignant que les marchandises ont été, préalablement, couvertes par un récépissé original avec le numéro de série de celui-ci. L'entreposeur peut, également, porter sur le récépissé d'entrepôt original, la déclaration selon laquelle une partie des marchandises ou des colis a été livrée. Faute de procéder à la diligence requise, il répond du préjudice subi par toute personne détentrice du document par négociation. Il sera responsable de la non livraison de toutes les marchandises telles que indiquées sur le récépissé original, à toute personne qui en est acquéreur.

Un entreposeur ne doit pas, sans excuse légitime, manquer ou refuser de livrer sur demande légitime, les marchandises à un déposant ou à un autre titulaire de droits sur les marchandises en vertu d'un récépissé d'entrepôt valable. Il lui est également interdit, sauf disposition prévue par la loi, de livrer à un déposant ou à un autre titulaire de droits, des marchandises qui ne correspondent pas à celles qui ont été déposées et indiquées sur le récépissé d'entrepôt. Il ne doit non plus livrer des marchandises si, avant cette livraison, il sait ou reçoit des informations fiables selon lesquelles le destinataire n'y a pas droit.

L'entreposeur ne doit enlever, livrer, enjoindre, aider ou permettre à une personne de livrer ou d'enlever des marchandises d'un entrepôt agréé de telle sorte que la quantité de marchandises dans l'entrepôt soit inférieure aux quantités de marchandises représentées par des récépissés non encore échus ou annulés.

L'entreposeur qui, sans y être obligé par une décision de l'Organe de Régulation, livre une partie ou la totalité des marchandises sans la présentation du récépissé d'entrepôt, répond de tout préjudice subi de ce fait par les tiers.

Le titulaire des droits sur les marchandises visées par le récépissé d'entrepôt qui se fonde sur leur description, peut obtenir de l'émetteur la réparation du préjudice causé par leur non réception ou leur description fautive. Cependant, l'émetteur du récépissé d'entrepôt ne peut être recherché en responsabilité si le titre mentionne clairement qu'il ne sait pas si les marchandises ont été reçues en totalité ou en partie, ou indique qu'il ne sait pas si elles sont conformes à leur description, dans la mesure de la véracité de la mention.

Lorsqu'une description figurant sur les marchandises ou les emballages mentionne, selon la déclaration du déposant ou de son mandataire, qu'elles sont d'un certain type, ladite mention n'engage nullement la responsabilité de l'entreposeur, notamment quant à la nature, au genre ou à la qualité de ces dernières, à la condition qu'il n'ait pas connaissance desdits nature, genre ou qualité. Dans ce cas, le récépissé d'entrepôt porte une mention indiquant que l'entreposeur n'a pas pu vérifier la nature, le genre et la qualité des marchandises.

Lorsque les marchandises sont remises à l'entreposeur avec émission d'un récépissé d'entrepôt négociable par leur propriétaire ou par une personne ayant pouvoir de disposition sur elles, lesdites marchandises ne peuvent, tant que l'entreposeur les détient, faire l'objet d'une saisie qu'à la condition que le récépissé d'entrepôt ou son contrôle soit transféré à l'entreposeur ou à la juridiction compétente.

Conclusion

Le système de récépissé d'entrepôt est une innovation de plus en plus populaire qui a le potentiel d'améliorer considérablement les conditions de commercialisation dans le domaine agricole. Cependant, il devra être accompagné dans sa mise en œuvre surtout dans la mise en place des entrepôts et leur accessibilité. En effet, en plus d'une sécurisation des droits fonciers notamment en milieu rural, un dispositif national de stockage, adossé à un système coopératif solide, soutenu par des mécanismes appropriés de crédit stockage, peuvent constituer un tremplin pour une souveraineté alimentaire mais aussi offrir aux producteurs l'opportunité d'une agriculture rentable.

TABLE DES MATIÈRES

Structures éditoriales du groupe L'Harmattan

L'Harmattan Italie
Via degli Artisti, 15
10124 Torino
harmattan.italia@gmail.com

L'Harmattan Hongrie
Kossuth l. u. 14-16.
1053 Budapest
harmattan@harmattan.hu

L'Harmattan Sénégal
10 VDN SICAP AMITIE 3
BP 45034 Dakar-Fann
direction@senharmattan.com

L'Harmattan Cameroun
Tsinga/Derrière polyclinique FECAFOOT
BP 11486 Yaoundé
Jacques.koukam@harmattan.fr

L'Harmattan Burkina Faso
Villa 281, secteur 23 623, rue 14.32
Ouagadougou
zagbie@outlook.fr

L'Harmattan Guinée
Almamya, rue KA 028 OKB Agency
BP 3470 Conakry
harmattanguinee@yahoo.fr

L'Harmattan RDC
185, avenue Nyangwe
Commune de Lingwala - Kinshasa
matangilamusadila@yahoo.fr

L'Harmattan Congo
219, avenue Nelson Mandela
BP 2874 Brazzaville
deunovmikhael@gmail.com

L'Harmattan Mali
Immeuble Mgr Jean Marie Cissé
Aci Hamadallaye
BP 145 Bamako
syllaka@yahoo.fr

L'Harmattan Togo
Djidjole – Maison Amela
face EPP BATOME
02 BP 20680 Lomé
didieramela11@gmail.com

L'Harmattan Côte d'Ivoire
Résidence Karl – Cité des Arts
Abidjan-Cocody
03 BP 1588 Abidjan
harmattan.ivoire@gmail.com

L'Harmattan Bénin
Rue 604, (Immeuble à l'entrée
de la rue UCAO- Cite de Saint-Jean)
Cotonou
stepcorpus@gmail.com

Nos librairies en France

Librairie internationale
16, rue des Écoles
75005 Paris
librairie.internationale@harmattan.fr
01 40 46 79 11
www.librairieharmattan.com

Librairie des savoirs
21, rue des Écoles
75005 Paris
librairie.sh@harmattan.fr
01 46 34 13 71
www.librairieharmattansh.com